KB200225

천하보다 귀한 한 영혼,

_____ 님께 드립니다.

나는 주님의 것입니다

나는 주님의 것입니다

천 정은

규장

영혼을 살리러 달려가는 부활의 증인

천정은 자매는 하나님께서 한 사람의 죽음관과 인생관을 변화 시키는 데 오랜 시간이 걸리지 않음을 보여주는 희망의 증거입니다. 하나님을 믿은 지 이 주밖에 안 된 자매는 부활을 사모하여 "암은 선물이며 죽음은 소망"이라고 고백했습니다. 그녀의 고백은 교회에 주신 귀한 선물이었고, 교회 공동체는 부활의 능력이 얼마나 큰지 보았습니다.

이 책을 통해 우리는 죽기를 두려워하던 한 평범한 사람을 놀라운 사명자로 바꾸시는 부활의 주님을 경험할 것입니다. 또한 예수님을 삶의 주인으로 믿는 자에게 주시는 복음의 능력을 목도할 수 있습니다.

천정은 자매는 뜨거운 마음으로 주와 교회를 사랑하여 영혼들을 살리러 달려가는 부활의 증인입니다. 이 책의 모든 독자가 부활의 능력을 누리길 기도합니다.

김성로 목사 춘천한마음교회 담임

암을 갖고 살아가는 사명자

천정은 자매는 〈부활〉 다큐멘터리 영화 작업을 하면서 만났습니다. 처음 만났을 때 그녀는 아픈 사람이라고는 전혀 생각하기 어려울 정도로 밝고 활달했습니다. 자매의 병원 촬영 당시 그녀와 대화하면서 그 마음 가운데 예수님이 주신 평안과 확신을 느낄 수 있었습니다. 그것이 제게도 많은 격려와 도전이 되었습니다.

특히 진료와 촬영을 마치고 성한 사람도 지쳐서 쉬고 싶은 그때, 도움을 요청하는 다른 환우들의 전화를 받고 급히 달려가는 모습에 감동의 여운이 오래도록 남았습니다. 천 자매는 '암 환자에게 파송된 특수 선교사'라는 생각이 들었습니다. 암 환자를 섬기는 사명 때문에 '암을 갖고 살아가는 사명자'라고 할 수 있겠지요.

자매의 자전적 고백이 담긴 이 책을 읽으며 깊이 감동했습니다. 죽고 사는 문제와 생존의 권리, 그리고 삶의 주도권을 주님께 내려놓을 때 나타나는 모습을 잘 보여주었기 때문이지요. 자매의 삶에 역사하신 하나님의 권능의 손길은 제 마음에 잔잔하면서도 강력한 힘으로 다가왔습니다.

아마도 이 책에서 그간 생각해온 것과는 다른 하나님을 만나는 분도 있을 겁니다. 하나님은 우리의 아픔과 약함을 바로 고쳐주시기보다는 계속되는 아픔과 약함 가운데 그분의 특별한 사랑이 드러나도록 일하시기도 합니다.

우리가 그토록 무서워하고 피하고 싶어 하는 암과 죽음이 유익할 수 있는 이유는, 그것이 우리를 끝장낼 수 없다는 믿음 때문입니다. 죽음 너머에 기다리는 부활이 믿어질 때 우리는 그 부활의 삶을 앞당겨 살 수 있습니다. 이 책을 읽는 독자들에게 부활 신앙이 각인되어서 두려움이 만연한 이 시기에 은혜와 능력이 드러나는 삶을 이루시기를 기대합니다.

이용규 선교사 《부활》 저자, 인도네시아 자카르타국제대학교 설립자

세상이 주는 고통과 별개의 사람

정은 자매를 처음 만나 대화할 때, 해 질 녘 햇살이 자매의 얼굴을 감싸고 있었습니다. 그 순간의 프레임은 평생 잊지 않을 것 같습니다.

〈부활〉 촬영이 시작되고, 우리는 함께 암 병동을 심방하고 기도도 했습니다. 그때 만난 이들 중 세 분이 세상을 떠났는데, 정은 자매는 여전히 남아서 자신의 사명을 감당하고 있습니다. 헬렌 로즈비어 선교사의 말씀처럼 아직 할 일이 남았나 봅니다.

언젠가 정은 자매가 촬영을 강행하는 우리 스태프와 제 건강을 걱정하는 소리를 듣고, '누가 아픈 사람인가'라는 생각이 들었습니다. 그때 주님이 '정은 자매보다 우리가 더 아프고 병든 사람이다'라는 마음을 주셨습니다.

제가 만난 정은 자매는 세상이 주는 고통과 별개의 사람입니다. 그 이유가 무엇일까요? 바로 예수님의 죽음과 부활을 믿는 초대교회의 성도들과 같기 때문입니다. 사도들과 초대교회 사람들은 세상과 다른 선택을 했습니다.

정은 자매도 세상이 고통스러워하는 것에 고통스럽게 반응하지 않고 오히려 웃습니다. 그렇기에 같은 상황에 놓인 많은 이들이 죽어갈 때, 그녀는 살 수 있지 않았을까 생각합니다.

어둠은 빛을 재촉하듯 몰아내지만, 빛은 마지막까지 하늘을 붉게 물들이며 노을을 만들어냅니다. 이 책에는 마지막 순간까지 부활을 전하며 소망의 빛을 길어 올리는 천정은 자매의 살아있는 고백이 담겼습니다.

마음이 무너지고 힘에 겨운 고통이 찾아올 때, 그 고통마저 하나님의 섭리라고 고백하는 한 사람의 서사를 만나보세요. 분명 이 책을 읽는 독자들의 마음에 생명의 싹이 자라날 것입니다. 바로 부활 복음 때문입니다. 예수님 때문입니다.

김상철 감독 〈부활〉 제작·감독, 《부활》 저자

돌이켜보면,

나는 평생 한 번도 찾지 않던 하나님을

죽음 앞에 이르러서야 갈급하게 찾았다.

희미했던 하나님의 존재가

예수님으로 인해 확실하게 믿어졌고,

그 후 한 치의 의심 없이 주님을 바라보고 달려왔다.

사람은 자신이 믿고 싶은 것만 믿는다.

나 역시 믿고 싶지 않았지만,

그분의 존재를 확증하는

여러 가지 논리적이고

도저히 부인할 수 없는 사실들 때문에
하나님을 인정할 수밖에 없었다.

2012년 10월에 유방암 말기 판정을 받았고,
병원에서는 수술이 불가능하니 항암을 해보자고 했다.
암을 줄이거나 더 퍼지지 않게 할 정도의
연명치료가 최선이고, 뼈까지 전이된 암이라서
치료가 어려우니 기대하지 말라고도 했다.

예수님을 영접하기 전까지 치료는
실패로 끝나는 듯했으나
놀랍게도 어느 날 전이된 암이 사라졌다는 진단을 받아
수술을 할 수 있었고, 몸 안의 암을 모두 제거했다.

그런데 재발 방지를 위한 항호르몬 치료를 받던 중
2014년 12월, 암이 사라졌던 자리에
다시 암이 올라오면서 치료 불가 판정을 받았다.
그 뒤로 삼 주에 한 번씩 주사를 맞기 시작했다.
그러나 큰 효과는 없었고, 방사선 치료까지 받으며
큰 고비를 여러 번 넘겼다.

하나님의 은혜로 일 년을 잘 버티다가
2016년 1월, 폐와 기도 림프절에
전이되었다는 결과를 받았다.
그동안의 치료를 중단하고,
항암과 뼈주사를 병행하는 치료로 바꿨다.
그런데 항암 2차까지 심했던 부작용이
이후로 전혀 나타나지 않아서 30차까지 했다.

2018년 1월, 경추뼈까지 암이 올라와서
맨 처음에 사용했던 가장 센 항암제로 돌아갔다.
맞을 때마다 심장이 조금씩 죽는 약이어서
평생 맞을 수 있는 양이 정해져 있다고 했다.
(나는 그 분량을 이미 다 맞았고,
2020년 5월 현재, 항암치료를 80차까지 했다.
주님의 은혜와 사랑으로밖에 설명이 안 된다.)

2018년 7월 즈음이었다.
한 암 환자를 만나러 가는 길에 열이 끓기 시작했다.
약속을 깨고 싶지 않아서
무작정 열을 내려달라고 기도하며 버텼다.

하지만 걷잡을 수 없이 몸이 안 좋아졌고
그제야 내 욕심임을 깨달았다.
버티다 뒤늦게 병원에 갔는데,
응급실을 찾던 여느 날과 달리
심폐소생실로 바로 들어가게 되었다.
병원의 즉각적인 대응으로 열도 잡히고
혈압도 제자리를 찾았지만 증상이 반복되어
한동안 집중치료실에 있어야만 했다.

입원이 필요한 상태였으나 병실이 없어서
나는 약만 처방 받고 퇴원했다.
그날 저녁, 다시 열이 올라 해열제로 밤새 버텼다.
다음 날 아침, 몸이 이상했다.
열이 끝도 없이 오르고 정신이 몽롱한 채,
몸에 힘이 전혀 들어가지 않았다.
느낌이 좋지 않았다.
단순히 몸이 안 좋은 게 아니었다.

'아, 오늘을 넘기기 어려울 수 있겠구나….'

그동안 죽음에 직면한 사람들을 많이 만나서인지
그들에게서 보았던 익숙한 느낌을 찾을 수 있었다.
병원에 여러 번 전화해서 몸 상태를 알렸다.
이미 패혈증이 진행된 것 같으니
빨리 병원으로 오라는 말을 들었다.
통화 중에 열이 38도에서 39.2도까지
순식간에 치솟았다.

정말 다급한 상황이었지만
몸이 마음대로 움직이지 않았다.
암 환자를 만날 때마다
비상시에는 119를 부르라고 말했는데,
정작 나는 그 생각을 하지 못했다.
잠깐 누워야 나갈 힘이 생길 것 같아
침대에 쓰러지듯 누워 방안을 천천히 둘러보았다.

'내가 다시 이곳으로 돌아올 수 있을까….'

방 한켠에 그해 여름을 대비해 사둔
아직 뜯지 않은 택배 상자가 눈에 들어왔다.
한 계절을 지낼 수 있을 거라고
철저하게 믿은 나 자신에게 기가 찼다.
천천히 오른쪽으로 고개를 돌리는데,
벽에 걸린 십자수 액자의 예수님 얼굴이 보였다.

'아, 내가 지금 이럴 때가 아니지….'

나는 잠잠히 눈을 감았다.

'주님, 제가 오늘 병원에 가면
다시는 이 방에 돌아오지 못할 수도 있겠지요.
그러면 지금 무엇을 해야 하나요.
제 마지막 사명은 무엇인가요.
교회 공동체를 위해 할 일을 알려주세요.'

마음 깊은 곳에서 '부활'이라는 울림이 전해졌다.
곧 부르심을 받을 거라는 생각에
마지막으로 내가 남겨야 할 걸 알려달라고 하는데
이미 복음을 아는 지체들에게
왜 부활을 전하라고 하시는지 이해가 되지 않았다.
그런데 지금껏 내가 복음을 어떻게 전했는지
주님이 떠올려주시며 깨닫게 하셨다.

'사람들이 제게 어떻게 그리 빨리 예수님을 만나고,
그렇게 잘 믿을 수 있냐고 물을 때마다
예수님을 믿을 수 있었던 결정적인 증거인
부활을 전하는 게 가장 중요하다고 여겼어요.
그래서 주님과 실제 나눴던 친밀한 교제보다는
부활 복음만 강조하려고 했었네요.
굳이 강조하지 않아도 주님과 만남은
자연스럽게 부활에서 시작했는데 말이에요.
주님은 제가 당신과 만난 과정을
토씨 하나 빠짐없이 남기기 원하시는군요.
지금 손 하나 까딱할 힘도 없지만

휴대폰 메모장에라도 남길 테니,
완성할 때까지만 상황을 허락해주세요.
마지막까지 주님 뜻에 충실할 수 있도록요.'

고백을 마치자마자 온몸의 구멍이 활짝 열린 듯
머리 꼭대기에서부터 발끝까지 모든 구멍에서
맑은 물이 뚝뚝 떨어지기 시작했다.
물에 빠진 듯 순식간에 옷이 흠뻑 젖었다.
급한 대로 옷을 벗고 몸의 물기를 닦아낸 후에
새 옷으로 갈아입었다.

물이 계속 몸 밖으로 솟구치듯 흘러나왔다.
새 옷을 입자마자 흠뻑 젖어서 또 벗고 새로 갈아입는데
갑자기 몸에서 기운이 솟았다.
물이 더 나오지 않고 몸이 날아갈 듯 가벼웠다.
급하게 체온을 재보니 '36.9'라는 숫자가 선명히 보였다.

이런 치유의 역사를
교회가 아닌 집에서 경험한 건 처음이었다.

그만큼 주님이 내게 명하시는 게 분명하고 강력했다.

이틀 동안 심한 구토로

아무것도 먹지 못한 상황에서,

나는 몸이 정말 괜찮은지 시험해보고 싶었다.

라면을 끓여서 한 그릇을 다 비웠는데,

거짓말처럼 속이 편했다.

그렇게 또 한 번의 기적을 경험하고 일상으로 돌아갔다.

'왜 이런 기적이 내게 나타났을까?'

예수님과 처음 만났을 때의 충격을 잊을 수가 없다.

모든 선택과 판단을 내 생각대로 하며 살았는데

당연히 내 것인 줄 알던 몸과 마음이 내 것이 아니라,

주인이 따로 있으며 그 주인이 예수님이심을 알았다.

또 그분 때문에 내 신분도 알게 되었다.

내가 가야 할 곳, 내 진짜 미래가 펼쳐질 곳도!

치유의 역사가 일어난 이후,

예수님을 사랑하는 충성된 종으로
스스로를 바꾸어 갔다.
나는 관계에서 의리를 가장 중요하게 여기기에
주님을 배신하지 않고
그분이 믿을 만한 유일한 사람이 되고 싶었다.
그리고 영혼 구원을 이 땅에서의 내 새로운 목표로 삼았다.
나는 치유의 기적들을 공유하면서
환자들을 만나기 시작했다.
라이프스타일이 완전히 뒤집혔다.

하나님과의 관계는 '믿음'에서 출발한다.
그 믿음을 확신시켜주는 게 예수님의 '부활'이다.
부활을 통해 믿음이 세워지면
의심으로 시간을 낭비하지 않게 된다.
누가 시키지 않아도, 등 떠밀지 않아도
사명을 향해 달려나간다.

성경을 힘써 읽으려 하지 않아도
성령님이 알려주시며 말씀대로 인도해주신다.
나중에 성경을 읽으며

이미 경험한 내용을 발견할 때면,
말씀이 꿀송이처럼 달게 느껴지고
성경 읽는 기쁨이 배가되었다.

주님을 알아갈수록,
회개하고 예수님을 주인으로 믿어
영접에 이르는 과정이 얼마나 중요한지 확신하게 되었다.
이 책은 이러한 내 변화의 기록이자,
주님이 구하고자 하시는 영혼들을 향한
간절한 사랑의 마음이기도 하다.

천정은

2부 내 삶을 주님께 / 드립니다

01 고통 중에 만난 주님

02 두려움과 당당하게 맞서기

3부 죽음 너머를 바라봅니다

03 날마다 부활합니다

에필로그

1부

나는 내 것이

—

아닙니다

01

순식간에

뒤바뀐 인생

불현듯 찾아온
이상 신호

나는 부유한 환경에서 부모님의 넘치는 사랑을 받으며 자랐다. 남에게 베푸는 걸 좋아했고, 적극적인 성격으로 학창 시절 내내 선생님들에게 신뢰받는 모범생이었다. 음악을 좋아하셔서 자녀들에게 꼭 음악을 시키리라 마음먹었던 어머니는, 내가 피아노를 전공하도록 열심히 뒷바라지해주셨다.

남들은 힘들게 간다는 대학에도 수월하게 입학했다. 당시는 대학에만 가면 인생의 모든 비밀이 풀어질 것 같았다. 하지만 기대와 달리 너무 자유로운 대학 생활에 빠져 마음

이 혼란스러웠다. 음악회를 일 년에 네다섯 번씩 열고 대외
활동도 열심히 했지만 한국에서는 더 배울 게 없다는 생각
에 학점관리를 전혀 하지 않았다. 미국 연수를 다녀온 후에
는 유학 가는 걸 당연한 코스로 생각했다. 그런데 아버지
의 반대로 결국 가지 못했다.

아버지와 갈등이 깊어지자, 가족과 소통을 거의 단절한
채 일과 친구에 파묻혀 살았다. 본업인 피아노 연주와 레슨
외에 개인사업을 벌이고, 친구나 후배의 일을 돕기도 했다.
나는 무슨 일이든지 끝까지 해내는 열정으로 실패를 몰랐
다. 그래서 주변 사람들로부터 인정도 많이 받았다.

내 주위에는 늘 사람이 북적였다. 일이 끝나면 강남의 청
담동 일대를 누비며 바쁘고 화려하게 사는 생활이 일상이
었다. 나는 스스로 잘 살고 있다고 믿었다. 하지만 겉으로
완벽해 보이는 내 삶은 허전함과 욕심과 불안으로 가득 차
있었고, 인생의 정답이 뭔지도 알 수 없었다.

암 선고를 받기 정확히 일 년 전, 몸이 고꾸라질 정도의
극심한 가슴 통증을 느꼈다. 하지만 겁 없이 덤벼들었던 일
이 생각대로 되지 않아 고전 중이었고, 병원에 가는 게 두려
워서 아무 일도 아닐 거라고 여기며 참았다.

나는 어릴 때 심하게 아파서 병원에서 살다시피 한 기억 때문인지 유난히 주삿바늘에 대한 공포가 심했다. 심지어 학교에서 실시하는 예방접종도 피해 다니기 일쑤였다. 그래서 건강을 회복한 초등학교 시절 이후로는 병원에 간 기억이 거의 없다.

지속적인 가슴 통증은 한 달 뒤쯤 멈추었지만 몇 달 뒤에 우연히 내 가슴의 모양이 변했음을 알아차렸다. 그런데도 병원에 가지 않고 계속 모르는 척했다.

어느 날, 하던 일이 완전히 실패하자 급격히 체력이 떨어지며 무기력증이 찾아왔다. 남들보다 체력이 월등히 좋아서 일하고 노는 걸 몹시 즐겼는데 그때부터 모든 활동을 한동안 쉬어야만 했다.

하나님이
진짜 살아계시다면?

이십 대 중후반쯤 친구의 부탁으로 한 언니의 결혼식 반주를 해주었다. 그렇게 알게 된 연수 언니는 고맙다며 잊을 만하면 내게 안부를 물었다.

어느 날, 언니가 내게 예수님을 믿냐고 물었다. 그때까지 내 주위에는 크리스천이 거의 없었다. 급할 땐 나도 모르게 하나님을 찾았지만, 크리스천에 대한 안 좋은 기억이 많아서 반감이 있었기에 기독교는 무조건 싫었다. 또 신의 존재를 믿고 의지하는 자들을 '노력 없이 대가를 바라는 인생의 패배자'로 치부하기도 했다.

언니에게 "나는 교회에 안 다녀"라고 잘라 말했다. 그쪽으로 더는 대화를 원치 않았기 때문이었다. 그런데 언니는 예수님을 믿어야 한다며 자신이 다니는 교회 모임에 오라고 설득했다. 나는 언니와의 좋은 관계를 깨뜨리고 싶지 않아서 이렇게 말했다.

"언니, 앞으로 그 얘기는 하지 않았으면 좋겠어요. 다른 사람들에게도 하지 않는 게 언니의 이미지 관리상 좋을 것 같아요."

그렇게 자신만만하게 말하곤 했는데, 그 연수 언니가 번뜩 떠오르는 사건이 일어났다.

삼십 대에 접어들어 나름 친하다고 믿었던 지인으로부터 일방적인 공격을 받았다. 이유를 알 수 없어서 답답했다.

'내가 인생을 잘못 살았나?'

그때 연수 언니가 연락을 해왔다. 정말 오랜만에 전화해서 대뜸 무슨 일이 있냐고 물었다. 나는 망설이다가 언니에게 당시 처한 상황을 얘기했다. 언니가 말했다

"네가 아는 사람이 백 명쯤 있다면 그중에 한 명이 그런 것인데 왜 잘못 살았다는 생각까지 하니? 내가 너를 아는데 무조건 그 사람이 잘못했을 거야."

언니의 이 말이 너무나 큰 위로가 되었다.

'이 언니는 내 절친도 아닌데 어떻게 이런 말을 해주지?'

이후 모든 것을 떨쳐버리고 일상으로 돌아갔다. 그러나 몇 달 후 계속 괴롭히는 그 지인과 관계를 확실히 끝내야겠다고 결심했다. 그래서 그가 내게 보냈던 문자메시지를 증거로 제출하여 고소하려고 휴대폰 서비스센터에 가서 문자 내용을 문서로 받아왔다.

모든 걸 참고 잘 잊고 지내다가 문자메시지 한 통에 온 신경을 빼앗겨 사흘이나 잠을 설쳤다. 더 이상 잠을 못 자면 죽을 것 같은 생각에 무심결에 "하나님, 나 잠 좀 잡시다!"라고 했다.

다음 날, 고소를 본격적으로 진행하기로 했는데 저장해놓은 문자 내용이 바뀌어 있었다. 나는 놀라서 서비스센터

로 달려갔다. 직원이 대수롭지 않게 듣더니 확인하기 위해 문자 내용이 담긴 용지를 가지고 안쪽으로 들어갔다.

그런데 다시 나올 때는 얼굴이 파랗게 질려서 "고객님, 이건 사람이 할 수 있는 게 아닙니다"라고 했다. 휴대폰에는 "잘 자, 내 꿈 꿔^^"로 문자 내용이 바뀌어 있었는데, 기계로 다시 뽑으니 고소하기로 한 내용이 다시 그대로 나왔다.

'아니, 사람이 아니면 귀신이라는 거야?'

갑자기 전날 밤, 내가 하나님을 찾았던 기억이 스쳤다.

'설마, 미칠 것 같아서 아무 의미 없이 그냥 외쳐본 건데….'

내가 급할 때마다 찾던 그 하나님이 정말 계실지도 모른다는 생각이 들었다. 신기하게도 그때 연수 언니에게서 연락이 왔다. 나는 언니를 따라 두어 번 교회 모임에 나가서 예수님의 부활에 대해 들었다. 처음 한두 번은 너무 흥분이 되었다. 문자로 이모티콘까지 섬세하게 보내오는 그 하나님을 직접 확인하고 싶었다.

성경을 읽을 자신도 없고 너무 바빠서 모임을 통해 쉽고 빨리 모든 걸 알길 원했는데, 사람들은 내가 모임에 갈 때마다 '부활'만 얘기했다. 시간이 아까운데 진도를 나가지 않는 것 같아 답답했다.

나는 속으로 '아니, 하나님이 창조주시고 또 유일신이라면 부활하는 게 당연하지. 그게 뭐 그리 대수야?'라고 생각했다. 그때는 내게 복음을 전해주는 그들의 말을 이해할 수 없었다. 결국 내가 원했던 답은 얻지 못한 채 '하나님은 살아계신다'라는 진리만 머리에 담은 채 나름의 기독교 탐구를 끝냈다.

개인적으로 표적까지 보여주신 하나님이 진짜 살아계신 것 같았지만 당시는 세상에 더 큰 의미를 두고 살았기에 하나님이라는 존재가 내게는 큰 짐으로만 여겨졌다.

'차라리 몰랐으면 살던 대로 즐겁게 살 텐데… 이제는 교회에 가지 않으면 안 될 것 같은데, 교회에 다닐 시간은 없고… 이러다 하나님한테 벌 받는 건 아닐까?'

심한 갈등을 겪으면서도 내 인생에 집중하는 게 더 중요했기에 일상에만 매달렸다. 이후로도 이따금씩 일과 관계에서 배신을 당하는 일들이 생겼고, 그 충격으로 힘든 순간마다 희한하게도 연수 언니에게서 전화가 왔다. 처음에는 신기해하다가 언제부턴가 무슨 일이 생기면 언니에게서 전화가 오는 게 당연하게 여겨졌다. 심지어 기다려지기도 했다.

고통스럽지 않게
죽게 해주세요

2010년 말, 부모님 몰래 벌인 새로운 사업을 이 년 만에 정리했다. 점점 몸이 힘들어지고 일할 엄두가 나지 않아 한동안 집에서 쉴 때였다.

마침 춘천에서 피아노 학원을 운영하던 연수 언니가 학원 일을 도와줄 수 있냐고 물었다(언니는 다니는 교회 근처에 산다며 춘천으로 이사했다).

앞서 말했듯 언니는 십여 년간 나를 전도하기 위해 애를 많이 썼다. "죽었다가 부활한 예수가 우리의 주인이며 그를 믿지 않으면 지옥에 간다"라는 다소 충격적인 말을 했고, 내게 교회 사람들도 소개해주었다. 하지만 하나같이 부활을 외쳐대는 그들에게 반감이 커졌고, 친한 언니가 이단에 빠진 게 아닐까 걱정이 되기도 했다.

그렇지만 힘들 때마다 항상 내 편이 돼주는 언니에게 고마움을 제대로 표현하지 못한 게 늘 마음에 걸렸다. 나는 고민 끝에 일주일에 세 번씩 학원 일을 돕기로 하고, 춘천에 가기 시작했다.

일을 시작한 지 두 달쯤 되었을 때, 미국에서 피아니스트

이자 작곡가로 활동하던 한 친구가 한국에 잠시 들어왔다. 나는 친구를 만나러 광주로 한걸음에 내려갔다. 나를 유난히 예뻐하시는 친구의 어머니도 만났다. 어머니는 오랜만에 만났으니 지난번 함께 갔던 사우나에 같이 가자고 하셨다.

순간, 나는 일 년 전부터 이상 증세를 느꼈던 가슴이 신경 쓰여서 대충 핑계를 댔다. 그날 밤에 친구와 함께 잠자리에 들어 이런저런 이야기를 나누다가 어머니께 거짓말한 게 마음이 쓰여 친구에게 말했다.

"나이가 들어서 그런지 가슴 모양이 좀 변한 것 같아 사우나에 같이 가기 싫었어. 어머니 서운하셨을까?"

그다음 주에 친구의 어머니가 내게 여행을 같이 가자며 내려오라고 하셨다. 죄송한 마음에 다시 광주로 갔는데 어머니가 나를 만나자마자 바로 병원으로 끌고 가다시피 데려가셨다. 여행은 핑계였다. 나는 하는 수 없이 병원에서 초음파 검사를 받았다. 검사 결과는 유방암이었다.

'내가 암이라니….'

충격으로 머릿속이 하얘졌다. 의사는 내게 너무 늦게 왔다며 암이 온몸에 퍼져서 수술이 안 될 것 같지만, 그래도 당장 서울의 큰 병원에 가라고 했다.

갑자기 귀에서 '삐-' 소리가 나더니 옆에 주저앉아 큰 소리로 우는 친구의 목소리가 아주 멀리서 들려왔다. 펑펑 우는 친구를 달래며 애써 아무렇지도 않은 듯 친구 가족들과 웃으면서 밥을 먹은 후에 서울로 올라왔다.

비가 억수같이 쏟아지는 날이었다. 시커먼 하늘에서 쏟아지는 빗줄기를 와이퍼로 연신 닦아내며 운전을 하는데 참았던 눈물이 떨어졌다. 두 시간쯤 엉엉 울었다. 아이처럼 우는 내 울음소리가 너무나 낯설었다.

한참 울다가 하늘을 보니 거짓말처럼 시커먼 하늘 사이로 한 줄기 빛이 선명하게 보였다. 처음으로 하나님이라는 존재가 가깝게 느껴졌고, 그 하나님을 마음껏 불렀다. 그때 문득 언젠가 했던 기도가 떠올랐다. 사업이 망해갈 무렵, 살기가 힘들어 '나 좀 죽여주면 안 되나요'라고 했었다.

'하나님이 그 기도를 잊지 않고 나를 천국으로 데려가시려는 거든지 엉망이 된 내 인생을 리셋(reset)하시려는 건 아닐까?'

사업 실패에 암이라는 공포가 더해졌지만 내 기도의 응답일지 모른다고 생각하는 순간, 눈물이 쏙 들어갔다.

집에 도착해서는 부모님께 어디서부터 얘기해야 할지 엄두가 나지 않았다. 일단 춘천 학원 일이 걱정되어 연수 언니에게 상황을 담담히 알렸다. 언니는 애써 괜찮은 척했지만 큰 충격을 받은 듯했다.

내가 가족에게 어떻게 알릴지 고민하는 사이, 언니가 교회 지인을 통해 내가 한 대학병원에서 바로 검사를 받도록 조치해주었다. 그리고 이틀에 걸쳐 검사를 받았다. 하나님께 주삿바늘이 무섭지 않게 해달라고 다급하게 기도했더니 거짓말처럼 모든 검사가 수월했다.

그런데 막상 조직검사를 할 때는 극심한 공포가 밀려와 온 몸이 덜덜 떨렸다. 검사하던 사람이 내가 쇼크 상태가 될까 봐 검사를 중단하려고 할 정도였다. 나는 그제야 믿지도 않는 하나님을 다급히 찾으며 기도했다.

"하나님, 고통스럽지 않게 당장 죽게 해주세요."

태어나 처음으로 내가 해결할 수 없는 일 앞에서 하나님을 절절히 찾았다. 검사 결과는 유방암 4기로 이미 여러 곳으로 전이된 상태라고 했다. 너무 늦어서 손을 쓸 수가 없다고, 정확하게 말하면 치료가 의미 없다고도 했다.

그제야 가족들은 사태의 심각성을 깨닫고 평소 친분이 있던 피아니스트 서혜경 선생님께 도움을 청했다. 2012년 11월 12일, 나는 선생님의 손에 이끌려 서울대병원에서 진료를 다시 받았다.

하나님의 사람들을
보내주시다

너무 감사하게도 선생님은 미국에 계시다가 내 소식을 듣고 한달음에 한국에 와주셨고, 진료실까지 들어오셔서 의사에게 "내가 가장 아끼는 아이니까 꼭 살려달라"라는 부탁을 하셨다. 의사는 당장 수술은 어렵고, 상황이 심각하지만 항암치료라도 해보자며 혈액종양내과로 보내주었다.

"뼈에 전이된 부분은 항암치료가 소용없어서 죽을 때까지 가져가야 하고요. 이번 항암의 목표는 가슴에 있는 원발암의 크기를 줄이는 것입니다. 가장 센 약 두 개를 주사할 거예요. 그리고 난소는 못 살려드려요. 일단 사는 게 중요하니까요."

첫 항암 주사는 여섯 시간 동안 맞아야 했다. 의사는 주사를 맞는 동안 혹여 움직여서 잘못되면 피부가 괴사하는 독한 약이라고 주의를 주었다.

투약하는 동안 부모님을 보는 게 더 힘들 것 같아서 먼저 집에 가시라고 했다. 부모님이 가신 후에 예전에 연수 언니 소개로 몇 번 참석했던 춘천한마음교회 작은교회(소모임)에서 만난 한 언니가 병실로 들어왔다.

그 모임에 안 나간 지 거의 팔 년 만이어서 반가우면서도 미안한 감정이 들었다(당시는 우연히 병원에 왔다가 나를 발견한 줄 알았는데 나중에 알고 보니 연수 언니가 내게 복음을 전해달라고 부탁했다고 한다).

내 손을 꼭 잡고 기도해주는 언니가 마치 하나님이 보내주신 사람 같았다. 그런데 대화 중에 갑자기 주사 쇼크로 호흡곤란이 왔다. 언니가 급히 간호사를 호출한 덕분에 겨우 안정을 찾았다. 숨을 고르며 내가 말했다.

"하나님이 언니를 보내주신 게 확실하네요. 하나님이 나를 정말 사랑하시나 봐요."

갑자기 내 앞에 나타난 언니가 신기하면서도 고마워서 얼결에 이런 말까지 했다.

주사를 맞기 전에 부작용을 듣고 서명도 했지만 막상 주사 후 몸의 변화는 상상을 초월했다. 구토는 기본이고, 주의사항에 있는 부작용을 1, 2차 항암 때 빠짐없이 다 겪었다. 암에 대해 막연한 두려움이 있었는데, 항암치료를 직접 겪으니 일상생활조차 어려웠다.

내가 암 진단을 받은 후에 연수 언니는 내 절친들도 한걸음에 올 수 없는 상황에서 나를 물심양면으로 보살펴주었다. 또한 나를 잘 모르는 교회 사람들이 많은 도움을 주었다. 종합병원 특진을 잡아줘서 빠르게 정밀검사를 받을 수 있었고, 밥을 사주겠다며 멀리서 찾아오기도 했다. 솔직히 나를 전도하려는 속셈인가도 싶었지만 고마운 건 사실이었다. 그들이 가족 이상의 역할을 해주는 걸 보며 나는 생각했다.

'하나님께서 정말 나를 살리시려나….'

항암 부작용이
사라지다

서혜경 선생님이 병원 치료를 도와주시고, 본인이 암 투병하면서 은혜를 받은 교회에 데려가시기도 했다. '몸 상태가 이런데 무슨 교회인가' 싶다가도 선생님의 마음이 감사해서 그 교회에 몇 번 따라나섰다.

어느 주일, 잠이 쏟아지던 다른 때와 달리 목사님의 설교가 또렷하고 분명하게 들렸다. 마태복음 28장 말씀을 들으며 내가 얼마나 교만한 인간이었는지 깨달았다. 그러자 나를 배신한 사람들에 대한 미움과 분이 사라졌다. 그러면서 하나님의 사랑이 무엇인지 조금은 알 것 같았다.

항암을 하면서 외출은 꿈도 꾸지 못했다. 병원에 갈 때도 눈만 내놓고 모자와 마스크로 완전무장한, 누가 봐도 암 환자의 행색으로 다녔다. 내가 봐도 내 모습이 너무나 낯설었다. 상상치 못한 항암치료를 받으며 암 환자의 고통이 무엇인지 알았고, 내가 참 나약한 존재임도 깨달았다.

1차 항암 직후 백혈구 수치가 많이 떨어져서 응급실을 통해 입원하며 괴로운 나날을 보내다 조금 괜찮아질 만하니 바로 2차에 들어갔다. 먹을 수도, 잘 수도 없고, 아무것도 할 수 없었다. 점점 변하는 내 몰골을 보며 3차까지 갈 자신이 없어서 하루에도 몇 번씩 화장실에서 물을 틀어놓고 울곤 했다.

그러던 어느 날, 나도 모르게 간절히 하나님을 찾았다.

'하나님, 정말 살아계세요? 진짜 살아계시면 이런 처참한 모습을 사람들에게 보이게 마시고, 제발 빨리 데려가주세요. 천국이 진짜 있나요? 그곳이 그렇게 좋다면서요. 저 나름 착하게 살았으니 좀 데려가주시면 안 돼요?'

의미 없는 외침에 더 비참했다. 주위에 걱정해주는 사람은 많았지만 누구도 내 진짜 괴로움은 모를 거라는 생각에 외로움이 밀려들었다. 하지만 가족이나 주변 사람들에게 폐를 끼치기 싫어서 표현하지 않으려고 애썼다.

미국에서 화상통화로 나를 웃겨주고, 말씀 문자를 보내주고, 슬퍼하며 마음 졸이는 친한 친구들과 매일 안부 전화를 주는 연수 언니를 생각해서라도 강해져야 했다.

'그래, 하나님은 사람이 감내할 만한 고통만 주신다고 했어. 더 힘들어질지도 모르지만 반드시 견뎌낼 거야.'

언니한테 들은 말씀을 떠올리며 굳게 다짐했지만, 3차 항암을 앞두고 극심한 두려움이 몰려왔다. 그때 마침 언니에게서 전화가 왔다. 기도를 해주겠다는 말에 증세를 상세히 말하며 부탁했다. 당시만 해도 내 병을 주변에 거의 알리지 않은 상태였다.

그런데 언니가 성도가 천 명이 넘는 자신의 교회에 중보기도를 요청했고, 휴대폰으로 주일예배 때 나를 위해 기도하는 소리를 들려주었다. 중보기도는 하나님이 반드시 응답하신다며 언니의 목소리가 잔뜩 들떠있었다.

순간, 언니가 내게 상의 없이 중보기도를 부탁해서 전 교인이 내 병을 알게 된 게 자존심이 상했고, 짜증도 났다. 그런데 정말 놀랍게도 3차 항암 주사를 맞은 후에는 1, 2차 때와 달리 아무 증상이 나타나지 않았다. 부작용이 말끔히 사라졌다.

'아, 혹시 그 중보기도 때문인가?'

몸이 살 만해지니까 좋으면서도 찝찝한 마음이 커졌다. 하나님이 살아계시다면 지옥도 있을 거라는 데 온 신경이 집중되었다. 항암 중 암이 더 커져서 항암에 실패한 것 같다는 의사의 말을 듣고 생각했다.

'그러면 나는 죽음을 곧 맞게 되겠구나. 그러면 지옥에 가게 되는 건가? 인생 자체가 이렇게 무의미한데 사람은 왜 살아가야 하지?'

그런 와중에 신기하게도 몸은 하루가 다르게 좋아졌다. 연수 언니가 우리집 앞으로 자주 찾아와서 맛있는 음식을 사주었고, 교회 사람들도 종종 만나면서 내 마음이 서서히 열렸다.

02

특별한

선물

부활이
믿어지다

4차 항암 직후에는 컨디션이 빠르게 회복되었다. 연수 언니와 교회 사람들을 만나 밤새 교제를 나눌 정도로 몸이 가볍고 상쾌했다. 누가 봐도 환자의 몸 상태가 아니었다.

다음 날인 2013년 2월 2일, 언니를 따라 춘천한마음교회 토요 찬양예배에 갔다. 그런데 교회에 들어선 순간부터 후회가 밀려왔다. 모인 사람들의 분위기가 우중충해 보였고, 나와는 다른 부류로 느껴졌다. 대화도 통할 것 같지 않은 그들과 나란히 앉아 예배를 드리는데, 앞에 앉은 이들의 뒤통수도 보기가 싫었다.

예배도 너무 길었고, 알지도 못하는 찬양이 귀에 거슬렸다. 목사님의 설교를 듣는 순간, '이건 진짜 아니다' 싶었다. 말씀도 빠르고 목소리도 너무 커서 도무지 알아들을 수가 없었다. 그런데 갑자기 목사님이 매일 중보하던 그 자매가 오늘 왔다고 하시며 내게 일어나보라고 하셨다. 내가 일어서자 "이 자매가 여기까지 왔으니 함께 살려달라고 간절하게 기도합시다!"라고 하셨다.

여기저기서 탄성이 나오며 갑자기 "주여!" 하고 다들 우렁차게 기도했다. 순간, 온몸에 소름이 돋았다. 뭔가 경건함을 기대했던 것과 달리 아수라장 같은 분위기에 겁이 덜컥 났다.

예배를 마치자마자 나는 언니와 일행에게 몸이 안 좋다는 핑계를 대고 도망치듯 집으로 돌아왔다. 그런데 다음 날 왠지 모르게 교회에 다시 가봐야겠다는 생각이 강하게 들었다. 중보기도를 받은 이후에 일어난 내 몸의 변화와 하나님과 지옥에 대한 답을 찾으러 교회로 향했는데 기도 소리에 놀라 도망치듯 나온 게 마음에 걸렸다.

나는 방에서 무릎을 꿇고 하늘을 향해 기도했다.

'하나님, 정말 살아계시면 제발 알려주세요. 그리고 그 교회에 대한 분별을 주세요. 만약 이상한 곳이면 제가 연수 언니를 구할 수 있게 도와주세요.'

그러고는 서둘러 터미널로 가서 비장하게 춘천행 버스에 올라탔다. 전날 잘 못 자서인지 피곤이 몰려와 눈을 감았다. 그런데 오히려 정신이 또렷해지며 잠이 오질 않았다.

마침 가방에 교회 성도에게 받은 교회 성경공부 교재인 〈성령의 권능으로 부활을 증거하라〉가 보여서 꺼내 들었다. 읽다 보니 너무 흥미진진했다. 천사장이 하나님 보좌를 넘본 죄로 세상으로 쫓겨나 마귀가 되었다는 대목은 내가 좋아하던 한 편의 미국 드라마를 보는 것 같았다. 그러다 로마서 말씀이 눈에 들어왔다.

또한 그들이 마음에 하나님 두기를 싫어하매
하나님께서 그들을 그 상실한 마음대로 내버려두사
합당하지 못한 일을 하게 하셨으니
롬 1:28

그러므로 한 사람으로 말미암아 죄가 세상에 들어오고
죄로 말미암아 사망이 들어왔나니

이와 같이 모든 사람이 죄를 지었으므로
사망이 모든 사람에게 이르렀느니라

롬 5:12

로마서 5장 12절, "이와 같이 모든 사람이 죄를 지었으므로 사망이 모든 사람에게 이르렀느니라"라는 구절의 "이와 같이"(in this way)에서 눈이 멈췄다.

'마귀처럼 하나님을 마음에 두기 싫어하고 자기가 주인 된 게 죄라는 건데, 이런 방식으로 모두가 죄를 지었다면 나도 죄를 지은 거네?'

"모든 사람이 죄를 지었으므로"라는 구절 앞에서 빠져나갈 구멍이 없었다. 나는 집중해서 계속 읽어나갔다. 하나님을 마음에 두기 싫어해서 하나님의 원수가 된 우리의 죄를 위해 하나님은 독생자 예수님을 이 땅에 보내주셨고, 그분이 십자가에 못 박혀 죽으시고 부활하셔서 온 인류의 죄를 담당해주신 것이 '복음'이라고 쓰여있었다.

그리고 그런 예수님을 믿지 않는 게 요한복음 16장 9절의 '근원적인 죄'라고 했다. 이 역시 친절하게 영어로 'basic sin'이라고 적혀 있었다. 순간, 정신이 번쩍 나서 맨 앞장으로 돌아가 찬찬히 읽어내려가는데 사도행전 말씀이 보였다.

이는 정하신 사람으로 하여금

천하를 공의로 심판할 날을 작정하시고

이에 그를 죽은 자 가운데서 다시 살리신 것으로

모든 사람에게 믿을 만한 증거를

주셨음이니라 하니라

행 17:31

"모든 사람에게 믿을 만한 증거를 주셨음이니라"라는 구절에서 또다시 뒤통수를 얻어맞은 듯했다. 문득 내게 예수님의 부활에 대해 열변을 토하던 사람들이 생각났다.

'부활이 하나님이 주신 증거구나. 부활이 사실이면 하나님이 살아계신다는 건데…. 예수님이 정말 부활하셨나?'

나는 그동안 예수님을 신화 속 인물이라고만 생각했다. 그런데 사람들의 상상으로 만들어낸 존재가 아닌 실제로 존재한 분이었다. 순간, 머릿속에 B.C.와 A.D.가 떠올랐다. 현재 전 세계에서 예수 그리스도의 탄생을 기점으로 기원전(B.C.)과 기원후(A.D.)를 구분하는 그레고리력을 사용하지 않는가!

A.D.(Anno Domini)는 '우리 주 예수 그리스도의 해'라는 의미이고, B.C.(Before Christ)는 말 그대로 '예수 그리

스도가 태어나기 전'이라는 의미이다. '세기'(century)의 개념 역시 예수 그리스도가 탄생한 해를 원년으로 100년을 1세기로 친다.

'인류가 보편적으로 통용하는 개념이 모두 예수 그리스도의 탄생과 관련이 있다니….'

또한 로마서 14장 9절, "이를 위하여 그리스도께서 죽었다가 다시 살아나셨으니 곧 죽은 자와 산 자의 주가 되려 하심이라"를 통해 내 몸은 내 것, 내 마음도 내 것이라는 너무나 당연했던 생각이 바뀌었다.

'예수님이 주인이시라면, 이 몸도 내 것이 아니라는 거구나….'

내 사고의 단단한 껍질이 한 꺼풀 벗겨지는 듯했다.

'나는 지금 너무 힘들고 곧 죽는다는데…. 내 상황이 너무 심각한데…. 내 상황이 어떻든 예수님이 이천 년 전에 이 땅에 와서 죽으셨고 부활하셔서 지금도 살아계신다는 사실은 변함이 없구나. 내가 원하든 원치 않든 이분은 지금 살아계신 거네. 내가 원치 않는다고 안 믿어도 되는 게 아니구나.'

예수님이 부활하셔서 살아계시며 나와 관계가 있다고 깨

닫는 순간, 그분의 탄생과 부활 등 모든 게 믿어졌다. 성령님의 역사하심이었다. 정말 놀라웠다. 로마서 10장 9절 말씀도 눈에 크게 들어왔다.

네가 만일 네 입으로 예수를 주로 시인하며
또 하나님께서 그를 죽은 자 가운데서 살리신 것을
네 마음에 믿으면 구원을 받으리라

성경대로 예수님은 죽으시고 부활하셨다. 예수님을 주로 시인하고 그분의 부활을 마음에 믿으면 구원을 얻는다는 사실이 믿어지자 의심의 엉킨 실타래가 순식간에 풀렸다.

그때까지 나는 스스로 신비로운 체험과 깨달음을 통해 어떤 관문을 통과해야만 한다고 착각하고 있었다. 예수님이 성경대로 부활하셨고, 우리의 주인이심은 정해진 사실이었다. 그런데 나는 계속 뭔가를 깊이 깨닫는 것에 초점을 맞추며 내 방식만을 내세우고 있었다.

예수님은 내 주인이 누구인지를 알려주고자 하셨을 뿐인데, 나는 '내가 주인인 건 그대로 두고 나를 이해시켜보라'는 입장이었다. 하나님의 입장에서 보면 귀를 닫고 내가 정해놓은 답으로 대답하라고 고집을 부리는 형국이었다. 이

를 깨닫자 비로소 세상에 속고 살았던 내 현실이 보이기 시
작했다.

암을 선물로
받아들이다

책에는 내가 할 일이 순서대로 적혀있었다. 로마서 10장
9절과 14장 9절, 요한복음 14장 6절, 마가복음 1장 15절,
요한복음 16장 9절, 요한계시록 3장 20절을 차례로 읽어
내려갔다. 그러자 기도가 절로 나왔다.

'하나님, 저는 진짜 몰랐어요. 내 몸과 마음이 당연히 내
것인 줄 알았어요. 그게 죄라는 것을 이제 알겠어요. 다시
는 제가 주인 되지 않을 거예요. 예수님만이 제 주인이십니
다. 이제 제 안에 들어와주세요. 그리고 다시는 나가지 마
세요.'

책을 계속 읽어 나가며 나는 속이 시원했다.

'그래, 이제 알았어! 예수님이 천국의 열쇠구나. 그분이
이 땅에 오셔서 죽고 부활하셨어. 하나님은 살아계시고 천
국과 지옥도 진짜 있는 거야. 그럼 나는 분명 지옥 갈 운명

이었겠구나. 내가 이대로 지옥에 갈까 봐 하나님이 천사들을 보내주셨구나. 나를 사랑하시는 하나님이 정말로 계시는구나. 만세!'

생명을 담은 작은 책자에는 죽음에서 부활에 이르는 길이 적혀있었다. 글자 하나하나를 꼭꼭 씹어서 내 것으로 만들고 싶었다.

천사장이었던 루시엘이 하나님께 범죄함으로 루시퍼, 즉 마귀가 되어 이 땅으로 쫓겨난 것이 최초의 죄이다. 천사장이 마귀가 된 이유는 다른 것이 아니라 마음에 하나님 두기를 싫어하고 자기가 하나님이 되려고 한 죄 때문이다. 하나님께 범죄하고 이 땅으로 쫓겨난 마귀는 하나님의 자녀로 지음받은 아담에게도 자기와 동일한 죄를 짓게 하였다.

루시엘이 '마음에 하나님 두기를 싫어하여' 세상에 쫓겨나는 부분과 아담과 하와가 '하나님과 같이 되려고' 선악과를 먹고 죄 지은 부분에서 뜨끔했다.

그동안 기분 나쁘게만 들렸던 '내가 주인 된 죄'가 무엇인지 정확히 깨달아졌다. 아담과 하와만의 이야기가 아니라, 바로 내가 하나님께 범죄한 모습이었다.

'내가 루시엘과 아담, 하와와 같은 죄를 지었구나. 여태 내가 주인 노릇하며 살았구나!'

하늘의 비밀이 하나씩 풀어졌다.

'제 몸과 마음은 다 주님의 것입니다. 제 몸이 주님 것이니 암 또한 주님 것이네요. 제 육신도 질병도 제 것이 아닌데 왜 제가 아파했을까요? 저는 더 이상 암 환자가 아니에요. 감사합니다!'

그렇게 춘천으로 가는 버스 안에서 책을 보며 예수님을 나의 주인으로 고백했다. 이 복음을 깨닫지 못하고 회개 없이 죽었다면 나는 곧장 지옥행이었을 것이다.

사실 육체의 질병은 문제가 아니었다. 예수님을 대적하고 주인 자리를 꿰차고 앉은 교만한 자아가 진짜 암 덩어리였다. 오히려 질병 덕분에 내 영혼의 고질병을 발견했다.

'내가 암에 걸리지 않았다면 예수님을 만나려고 했을까? 말기암이 아니라 적당히 아프다 낫는 병에 걸렸다면 진리를 알고자 했을까? 절대 아니었겠구나. 천국이 있거나 말거나 관심 없었겠지. 이제 보니 암은 내 인생 최고의 선물이었어. 죽어야 진짜 삶이 시작되기에 죽음은 새 출발을 알리는 희망이구나. 절망할 일이 아니었어. 하나님, 정말 감사

합니다.'

마음 깊은 곳에서부터 감사가 넘쳤다. 말할 때마다 눈물이 나던 '암'은 더는 슬픈 단어가 아니었다. 암은 내게 선물이 되고, 죽음은 희망이 되었다.

내 몸과 마음이 모두 주님의 것이고, 내 영혼이 육신과 관계없이 건져졌기에 아무것도 두렵지 않았다. 마치 온몸이 늪에 빠져가고 있는데 마지막 남은 내 머리채를 하나님께서 쑥 끌어올리시는 것 같았다. 오래 참았던 호흡을 드디어 뱉어낸 느낌이었다.

그러면서 지난 이 년간 하나님의 한결같은 사랑의 노크가 파노라마처럼 머릿속에 스쳐 지나갔다. 스무 살 때 기독교 동아리 선배가 다가오는 것조차 거절했던 내 모습, 삼십 대에 "정은이는 교회만 다니면 완벽한데"라며 한 시간 이상 나를 설득하셨던 후배의 어머니, 내 눈치를 보며 예수님을 전하려고 애썼던 연수 언니.

나를 향한 그들의 간절한 눈빛들이 차례대로 그려졌다. 그때 머릿속에 한 말씀이 영상처럼 떠올랐다.

너는 두려워하지 말라

내가 너를 구속하였고

내가 너를 지명하여 불렀나니

너는 내 것이라

사 43:1

성령님은 성경을 읽어본 적도 없는 내게 이 말씀을 강력하게 보여주셨다. 말씀이 단순한 글자가 아닌 하나님의 음성으로 또렷이 들렸다. 깊은 평안이 온몸을 감쌌다.

간절한 마음과 성령의 역사

나를 오랫동안 짝사랑하며 애태우셨을 예수님에게 나도 푹 빠져서 성경을 미친 듯이 읽었다. 내가 '예수님은 제 주인이십니다'라고 고백하자마자 놀랍게도 성경이 세상에서 가장 읽기 쉬운 책이 되었다.

막히는 구절 없이 죽죽 읽어가며 한 구절 한 구절 너무나 당연한 말씀에 "아멘"이 절로 나왔다. 성경을 빠르게 읽어가는 내 모습이 신기했다.

그분과 나 사이에 일어난 일들이 성경에 놀라울 정도로 그대로 적혀있어서 읽을수록 신이 났다. 또한 예수님은 내 기도에 항상 신실하게 응답해주셨다. 주님과 동행하면서도 이해되지 않는 상황이 생기면 엎드리고 또 엎드렸다. 그러면 더 깊은 동행으로 이끄셨다.

내 마음은 예수님으로 가득 찼다. 기쁨이 넘치고 천국에 갈 생각에 마냥 들뜬 나날이 이어졌다. 종일 주님께 딱 붙어있었다. 예수님을 주인으로 모시자, 사소한 행동을 하거나 누군가를 만날 때도 꼭 여쭈었다.

'저, 이거 할까요, 저거 할까요?'

'이 사람을 만나게 하시는 이유가 무엇인가요?'

예수님이 숨 고르실 틈도 없을 정도로 귀찮게 해드렸다. 나는 예수님과 깊은 사랑에 빠졌다. 그렇게 핑크빛 모드로 지내던 하루 중 가장 고민되는 시간이 화장실에 가거나 샤워할 때였다. 예수님이 내 안에 살고 계셔서 나를 지켜보고 계시는 게 조금 창피하게 느껴졌다.

그런데 예수님은 내 시선과 다른 것을 보여주셨다. 주님이 바라보시는 나는 성인 여성이 아닌 세 살짜리 아이의 몸을 갖고 있었다. 내 엉뚱한 생각에 실소가 나왔고, 이후 편안한 마음으로 다시 주님과 동행할 수 있었다. 그만큼 예수님은 내게 실제적인 분이셨고, 하루하루 그분과 동행하는 삶이 천국과 같았다.

한창 예수님과 동행하는 삶을 누리던 나는, 크리스천이라면 모두 그렇게 사는 줄 알았다. 그런데 주위에서 "믿은 지 얼마 되지도 않았는데 어떻게 벌써 예수님과 동행하며 살아?"라고 물었다. 오히려 나는 그 말이 의아했다.

'살아계셔서 지금 나와 함께하시니 대화하는 건데….'

예수님을 영접하는 건 내 안에 모시는 것이다. 그러려면 먼저 내가 주인 자리에서 내려와야 한다. 주인 자리를 고집했던 자아를 회개하고 반드시 주인을 바꿔야 한다. 마가복음에는 회개 없이 예수님을 영접할 수 없다고 쓰여있다. 사도행전은 우리가 죄 사함의 회개를 하면 성령을 선물로 받는다고 했다. 영접의 시작이 바로 '회개'이다.

나는 사람들에게 예수님의 십자가와 부활, 자신의 통렬한 회개가 만나야 새 피조물로 거듭날 수 있다고 말했다. 그러나 더러는 시큰둥한 반응을 보였다.

나는 주님을 처음 영접한 순간을 깊이 묵상했다. 암을 진단받고 고통과 두려움의 한가운데서 하나님의 존재를 간절히 알고 싶었다.

'당장 죽게 생겼는데, 지옥이 있으면 어쩌지? 하나님은 진짜 존재할까?'

간절한 마음으로 찾았더니 주님은 두 팔 벌려 나를 맞아 주셨다. 주님은 그분을 간절히 찾는 자를 기뻐하시고, 반드시 응답하신다. 아무런 반감 없이 예수님을 기꺼이 주인으로 모신 과정을 돌이켜보니, 하나님께서 주신 간절한 마음이 있었다. 오랜 시간 나를 찾으시던 주님의 간절한 마음을 내게도 부어주셨다.

주님을 찾는 간절한 마음이 우선되어야 성령께서 역사하심을 깨닫자, 내가 만날 영혼들에게 복음을 듣고자 하는 간절한 마음을 부어주시길 구하게 되었다.

나를 사랑하는 자들이
나의 사랑을 입으며
나를 간절히 찾는 자가
나를 만날 것이니라

잠 8:17

진정한
예배자가 되다

그동안 나를 불편하게 했던 기독교에 대한 오해가 눈 녹듯 사라지자, 예배가 당연한 내 삶이 되었다. 주님은 내 완악한 마음을 제하시고 놀라운 광경을 보여주셨다.

도망쳐 나왔던 예배당의 문을 다시 여는 순간, 성도들의 머리 머리마다 흰빛이 하늘을 향해 솟구쳐 있는 게 보였다. 동시에 '이 교회는 내 집이며 이들이 내 하늘 가족'이라는 확신이 들었다.

굳이 이곳으로 부르신 이유를 알 것만 같았다. 교회가 아닌 내 집으로 인식되자, 내 하늘 아버지가 계시는 그곳이 이전과 다르게 익숙하고 편안했다.

예배 자체가 큰 기쁨이었다. 나도 모르게 찬양을 따라 부르며 기쁨의 눈물을 흘렸고, 목사님의 설교가 분명하게 내 귀와 마음에 들렸다. '부활하신 예수님을 주로 믿고 말씀대로 사는 것이 인생의 정답'이라는 그 말씀에 크게 공감했다.

'목사님이 족집게 과외 선생님이셨네. 어제는 왜 못 알아들었지?'

복음은 의외로 쉽고 단순했다. 나는 곧장 성경을 펼쳤다. 내 인생의 길라잡이는 오로지 성경 하나이기에 빨리 읽어봐야 했다. 어떻게 다시 교회에 왔냐며 놀라는 한 성도를 붙잡고 성경책을 어떻게 읽어야 하는지 알려달라고 했다. 그가 요한복음부터 읽으면 예수님을 정확히 알 수 있다고 권해주었다.

그날 밤, 시간 가는 줄 모르고 사복음서를 다 읽었다. 어려워서 펼칠 엄두도 안 나던 성경이, 내 안의 주인이 예수님으로 바뀌니 아버지의 사랑이 가득한 한 장의 편지로 보였다. 사도행전 2장 38절 말씀처럼 회개하고 예수님을 주로 믿으니 성령의 도우심으로 성경 말씀에 "아멘!" 할 수 있었다.

항암 중에 며칠을 새워 성경책을 읽었지만 내 몸은 점점 가벼워졌다. 아침에 눈 뜨자마자 "예수는 나의 주"를 세 번 외치며 하루를 시작했고, 종일 예수님을 묵상했다.

암이라는 질병을 의식하지 않고, 언제 올지 모를 마지막 날까지 그분을 알아가고 싶은 마음에 서울과 춘천을 오가며 수요예배와 주일예배를 드렸다. 과감하게 마스크를 벗고 정상인의 모습으로 하루도 안 빠지고 버스를 타고 다녔다. 직접 운전하지 않고는 어디도 다닌 적 없던 내가 오직 주님을 만난다는 기쁨에 어떤 불편도 느끼지 못했다.

예수는 나의 주! 모든 비밀이 풀리니 평강이 임하며 '이제 진짜 살았다'라는 확신이 들었다. 하나님의 실재(實在)하심에 눈을 뜨자 그분의 말씀을 온전히 청종했다. 그 결과는 놀라웠다. 머릿속은 예수님으로 가득했고, 날마다 샘솟는 기쁨과 감사는 내 몸 상태를 최상으로 끌어올렸다.

하루도 빠짐없이 연수 언니 학원에서 아이들을 가르치고 교회에서 예배드리면서 내 얼굴은 빛났으며 내 마음은 아프기 전보다 더 열정이 넘쳤다.

병이 더 이상 겁나지 않았고, 스스로 환자인 걸 잊고 지냈다. 까맣게 변해 자주 붓던 얼굴에서도 병색이 차츰 사라졌다.

주님은 매주 새로운 깨달음을 주시고 기도에 신실하게 응답하셨다. 나는 모든 염려를 맡기고 그저 매 순간 주님께 구하기만 했다. 내 유일한 기도 제목은 '마지막 순간까지 예배드리다가 감사히 눈을 감는 것'이었다. 항암 중에도 주삿바늘이 두렵지 않고, 검사 중 혈관이 터져도 감사했다.

내 육신은 이미 주님 것이기에 내가 아파하는 것 자체가 모순이었다. 실제로 아픔은 신경조차 쓰이지 않았다. 물론 통증은 내가 고스란히 느끼지만 내 몸이 아니라 주님의 몸이라는 것이 진짜고, 내가 느끼는 것이 가짜라는 사실에 점점 담대해졌다.

그래서 '저를 데려가세요', '주사 맞을 때 안 아프게 해주세요' 같은 나를 위한 기도가 아니라 '귀한 복음을 선포하시는 목사님의 영육을 강건케 해주시고, 귀한 복음을 들고 달려나가는 공동체 식구들의 모든 질병을 제가 떠안고 가게 해주세요'라는 간구가 내 입에서 터져 나왔다.

시간을
더 주신 이유

2013년 3월 6차 항암 중, 병원에서는 3차 항암까지의 결과가 성공적이지 못하다고 했다. 서혜경 선생님을 통해서 짧게는 일 년 정도 남았다고 전해 들었다. 그날부터 나는 하루하루 죽음을 준비했다. 내가 떠난 자리를 가족들이 힘들어할까 봐 물건과 옷가지를 조금씩 정리했다.

불완전한 내 인생은 예수님이라는 정답을 찾았기에 천국 본향을 꿈꾸며 죽음 앞에서 어떤 염려나 미련 없이 오직 감사하기만 했다.

'주님 곁으로 가는 날, 나는 아름다울 거야. 주변 사람들이 내 죽음을 보고 그분을 영접하겠지? 죽음을 통해 마침내 사명을 이루겠구나.'

주님이 내게 성도들 머리의 아름다운 빛을 보여주셨듯이 마지막 순간에 내 머리에도 찬란한 빛이 임하기를 소망했다.

약 이십 일 후에 다음 결과를 들으러 병원으로 향했다. 그런데 평상시와 다르게 종양내과 의사가 기쁘게 나를 맞았다. 그는 검사 사진들을 번갈아 보여주며 3차까지 꿈쩍 안 하던 뼈와 폐에 전이된 암들이 흔적만 남고 모조리 없어졌다고 했다.

수술이 가능한 부위는 암이 늘었고, 치료가 불가능하다고 했던 부위는 깨끗해졌다. 믿을 수 없는 상황이 벌어졌지만, 정작 나는 혼란스러웠다.

'죽음을 준비하고 있었는데…. 이게 무슨 일이지? 내게 시간을 더 주시는 이유가 뭘까?'

순간, 고민이 되었다. 살 확률이 거의 없는 상태에서 주님으로 말미암아 평안하게 죽는 모습으로 복음을 전하는 게 내 사명이라고 믿었다. 그러나 하나님의 뜻을 감히 다 알 수는 없었다.

2013년 4월 15일, 암 선고를 받은 지 육 개월 만에 기적처럼 퇴원했다. 암과 씨름했던 지난 시간이 하룻밤 꿈처럼 느껴졌다.

'사형선고를 받은 죄수가 갑자기 풀려난 기분이 이럴까?'

죽음 앞에 몹시 설레던 나를 돌아보니, 그것과는 확연히 달랐다. 의사는 전이된 암은 없어졌지만, 가슴의 암은 더 커졌다며 당장 입원해서 유방 절제 수술을 하자고 했다. 그런데 가슴을 잘라야 한다는 말이 불구가 된다는 말보다 더 무섭게 들렸다.

나는 생떼를 쓰다시피 해서 수술을 일주일 미루고 교회로 달려가 하나님 앞에 엎드렸다. 그리고 죽음은 기쁘게 기다리면서 수술은 두려워하는 내 위선을 회개했다. 죄를 하나도 남김없이 자복하자 몸에 대한 미련이 사라지고, 감사와 평강이 차올랐다.

일주일 후, 수술을 위해 병원에 입원하자 교회 지체들의 방문이 이어졌다. 수술 직전까지 공동체의 응원 문자를 받느라 두려워할 새가 없었다. 나는 이사야 41장 10절 말씀과 주기도문을 암송하며 수술실에 들어갔다.

마취 직전에 의사가 "마지막으로 남길 말은 없어요?"라고 물었다. 하나님이 여기까지 인도하심은 나를 살려서 쓰시기 위함이라는 확신이 들었다. 내가 "그냥 예쁘게 꿰매주세요"라고 하자, 그는 "세상에서 제일 예쁘게 꿰매줄게요"라고 했다.

수술은 성공적이었다. 정신이 들자마자 손가락을 움직여보니 아무 문제없이 잘 움직였다(겨드랑이 임파절을 모두 들어내는 과정에서 손가락을 못 쓰게 되는 경우도 간혹 있다고 했다). 내 입에서 "감사합니다"라는 말이 흘러나왔다. 의사가 수술이 잘되었다며 "암은 이제 없다"라고 말했다.

가슴에 새겨진 훈장

나는 회복 속도가 제일 빠른 환자였다. 같은 병실 환자들은 '젊은 사람이 죽겠구나'라고 생각했다고 한다. 그도 그럴 것이 다들 0기에서 2기 사이의 환자들이고, 종양의 크기도 2센티미터 내외였는데 나는 9.5센티미터까지 자란 상태였기 때문이다.

그들은 주로 암을 발견한 계기와 각종 검사, 앞으로 받을 치료에 대해 이야기했다. 한 환자가 내게 물었다.

"수술 전에 받은 MRI 검사가 너무 힘들었죠?"

"아니요, 저는 잘 잤어요."

"어떻게 잘 수가 있어요?"

"예수님이 주인이시잖아요."

"아, 네…."

그는 복잡한 표정을 지었다. 나처럼 증상이 심각한 사람은 우리 병실뿐 아니라 다른 병실 어디에도 없었다. 그들은 죽음의 문턱까지 간 내가 자신들과 다르다고 생각하는 것 같았다.

수술 전 환자 중 한 사람이 내게 다가와 말했다.

"절망하지 말고 하나님을 붙드세요."

나는 '기회는 이때다' 싶어서 바로 대답했다.

"하나님이 살려주셨는데 어떻게 절망할 수 있겠어요? 회개한 순간부터 저는 살았고, 예수님이 제 주인이 되셨어요."

그러자 그가 멈칫하며 태도를 바꾸었다.

"그래도 젊은 사람이 신앙에 너무 깊게 빠지지는 말아요."

순간, 나는 깨달았다. 믿으면 믿고, 안 믿으면 안 믿는 것인데 대충 믿는 게 너무도 자연스러운 기독교인들이 세상에 있다는 것을.

수술 후 암 환자들이 내게 모여들어 어떻게 그런 상황에서 멀쩡하게 나을 수 있는지 의아해했다. 그도 그럴 것이 여전히 병색이 완연한 그들의 모습과 내 모습은 확연히 달랐기 때문이다.

부활하신 예수님이 나를 만나주셨고 성령께서 예수님의 약속이 다 사실임을 믿게 해주셨다. 예수님을 주로 믿고 그분께 모두 맡겨드리며 천국을 소망했을 뿐인데 기쁨과 평강이 넘쳤다. 내가 자랑할 것은 오직 예수뿐이었다. 주님이 내게 사명을 다하라고 생명을 덤으로 주셨다는 생각이 들었다.

과거의 나는 이미 죽었다. 이제 나는 언젠가 썩어 없어질 육신과 관계없이 영생을 확신한다. 살아갈 시간이 늘어난 만큼 주의 일을 기쁘게 감당하는 사명자가 되리라 다짐했다.

우리 병실에서 종양이 1센티미터 미만으로 가장 병기가 낮았던 환자가 수술이 끝난 후 치료를 걱정하며 두려워했다. 그는 항암과 방사선 치료를 짧게는 이 개월, 길게는 십 개월 정도 병행해야 했다.

그런데 가장 심각한 환자인 나는 치료가 끝났다. 전절제(全切除)를 했으니 방사선 치료도 필요 없고, 항암 대신 일정 기간 항호르몬 약만 먹으면 됐다.

보통 유방암 3기 이상 환자는 치료 기간이 일 년 반 정도라고 들었는데, 나는 발병부터 수술까지 육 개월도 안 되어 끝났다. 수술이 끝나도 삼 년은 지켜봐야 한다며 복원 수술을 반대했던 의사가 놀라워하며 내가 미혼이기도 하고 수술이 잘됐으니 가슴 복원 수술을 하자고 제안했다. 하지만 나는 하지 않기로 했다.

부활의 소망이 커지자 어차피 썩을 몸에 관심이 가지 않았다. 다른 환자들은 내게 그 상태로 오래가면 척추가 휠 거라고 충고했지만, '예수님이 나의 주인'이라는 믿음이 모든 문제를 해결해주리라 믿었다.

내 가슴에 새겨진 흉터는 주님의 따스한 손길이 닿은 훈장이다. 2012년에 처음 암 진단을 받았을 때, 병원에서는 내가 길어야 이삼 년 정도 살 거라고 예상했다. 하지만 나는 여전히 새 삶을 누리며 살고 있다.

그가 모든 사람을 대신하여 죽으심은

살아있는 자들로 하여금

다시는 그들 자신을 위하여 살지 않고

오직 그들을 대신하여 죽었다가

다시 살아나신 이를 위하여 살게 하려 함이라

고후 5:15

2부

내 삶을 주님께

―

드립니다

01

고통 중에

만난 주님

죽고자 하면
산다

　암 발병 이후 내게는 참 많은 변화가 있었다. 항상 바쁘게 앞서 나가야만 제대로 사는 거라고 생각했는데, 이제는 모든 것을 주님의 뜻대로 해야 한다고 믿게 되었다.

　직업에 귀천을 따지던 사고도 완전히 사라졌다. 사람의 영혼을 볼 수 있는 눈이 생겼고, 혼자인 줄 알았던 일상이 주님과 함께하는 일상으로 바뀌었다. 병원에 있는 동안 가장 그리운 곳은 집이 아니라 교회였다. 병원교회도 가보았지만 교회가 더 그리워졌다.

퇴원 후 첫 수요예배를 드리는 순간부터 감동이었다. 그 날 예배 시간에 부끄럽게도 목사님이 내가 처음 교회에서 했던 간증 영상을 틀어주셨다. 수술 후에 보니 감회가 새로웠다.

간증을 쓰던 당시 상황이 떠오르면서 하나님이 이루신 기적이 감격스러웠다. 목사님은 우리에게 새롭게 주어진 삶에 대해 말씀하시면서, 마지막에 "나는 죽으려고 가는 사람이에요"라고 하셨다.

'아! 맞다. 죽어야 예수님을 만나지. 내가 예수님 만나고 싶은 마음이 간절해서 죽고자 했더니 살리셨구나….'

살고자 하면 죽을 것이요, 죽으려 하면 살 것이라는 말씀의 의미가 깊게 다가왔다.

육체적 고통이나 죽음은 영원한 게 아니다. 하지만 양심에 찔리는 행동으로 인한 죄책감은 나를 계속 괴롭힌다.

초등학교 5학년 때 일이다. 하루는 과학 시간에 선생님이 실험에 쓸 사이다와 삶은 계란을 가져오라고 하셨다. 과학 수업이 끝난 후 쉬는 시간에 나는 남은 사이다를 들고 밖으로 나갔다.

같은 반 남학생이 "정은아, 나 사이다 먹어도 돼?"라고 물었다. 나는 어차피 안 먹을 거여서 선뜻 주려는데 또 다른 친구가 큰 소리로 "너, 설마 쟤한테 주려는 건 아니지? 절대 주지 마. 더러워"라고 했다.

그 남자아이는 고아였다. 모두가 나를 주목했다. 그 아이는 용기를 내어 내게 말한 것인데 친구들이 내 행동을 주시하자 멈칫했다. 그사이 한 친구가 내 팔을 거칠게 끌며 데려갔다. 나는 끌려가면서 고개를 돌려보았다. 그 아이와 눈이 마주쳤는데 그 눈빛을 잊을 수가 없다. 그 일로 오랫동안 마음이 괴로웠다.

그 후로는 학창 시절 내내 단 한 번도 내게 도움을 청하는 약자에게 비겁한 행동을 하지 않았다. 늘 약자의 편에서 정의롭게 행동했지만 그 기억은 사라지지 않았다.

만약 두려움 때문에 하나님을 부정한다면, 그분의 존재를 확신하면서도 주위 상황에 밀려 숨는다면 훗날 그분 앞에 어떻게 설 수 있을까? 가룟 유다의 마지막이 내 마지막이 될 수도 있다. 그러므로 상황에 압도되어 순간의 고난을 겁내기보다 순간순간 내 시선을 주님께 맞춰야 한다.

내 병은 일단락되었으니 이제 말씀에 집중하며 사명으로 나아갈 일만 남았다고 생각했다. 매일 말씀과 기도로 무장해야 했다. 영적 싸움이 만만치 않았지만 불안하거나 두렵지 않았다.

나는 수술 후에 우쿨렐레와 오카리나 지도사 자격증을 땄다. 연수 언니가 학원 일을 도와달라며 주님이 언제든 부르실 때 선교나 전도의 도구로 삼기에도 좋을 거라고 해서 바로 결정했다.

물론 재발의 위험과 죽음으로부터 완전히 해방되지는 않았다. 하지만 불완전한 세상에서 유일한 푯대가 되어주시는 주님 덕분에 내 영혼은 안전하다고 느꼈다. 더욱이 천국에 내 처소를 예비하신 주님 덕분에 나는 '이미 다 가진 자'였다.

내 인생에서 가장 놀라운 사건은 말기암 판정이 아니라 '예수를 나의 주'로 고백한 일이었다. 내 안에 예수 그리스도께서 살아계신 걸 확신했다.

예수께서 이르시되
내가 곧 길이요 진리요 생명이니
나로 말미암지 않고는
아버지께로 올 자가 없느니라
요 14:6

굴복과
사명

첫 교회 수련회에 갔을 때였다. 첫날 한 사모님과 교제하면서 '서원기도'라는 단어를 처음 접했다. 나는 '서원기도는 함부로 할 게 아니라 굉장히 신중하게 해야 하는 기도구나'라고만 생각하고, 어떤 기도를 드려야 할지 고민해보겠다고 하며 가볍게 넘겼다.

설교를 들으며 공동체를 위해 기꺼이 목숨을 내놓을 수 있겠다는 확신을 얻었다. 성자 예수님이 이 땅에 오신 목적인 교회는 하나님의 집이자 가족이며 그리스도의 몸이다.

또 '머리 되신 예수님+몸 된 교회 구성원=예수 그리스도'이기에 교회 지체들을 예수님처럼 귀하게 대해야 했다. 공동체 안에서 지체 간 다툼은 지극히 자연스러운 일이지만, 이유 불문하고 지체를 사랑의 눈으로 바라보면 다 해결될 일이었다. 나는 수련회 기간에 '굴복'과 '사명'에 대해 묵상하며 자문해보았다.

1. 내 생명을 바쳐 사명을 다하고 있는가?
2. 새벽기도로 하루를 시작하는가?

3. 매일 하나님의 말씀을 묵상하는가?

4. 주님과 관계된 시간과 나를 위한 시간 중 어디에 더 많은 시간을 할애하는가?

5. 주위 환경이나 사람이 아닌, 주님만 바라보고 있는가?

6. 은혜받는 것에만 급급하지 않은가?

7. 기도, 예배, 사명을 기쁨으로 감당하고 있는가?

8. 예수님을 자랑하는 것을 망설이지는 않는가?

9. 모든 물질이 주님의 것이라고 자신 있게 말할 수 있는가?

10. 내 삶에서 주님의 일이 우선인가?

나는 제대로 굴복한 자가 아니었다. 복음을 전하는 자로서 자격이 없었다. 내 삶의 초점은 온전히 주님께로 맞춰져 있지 않았다. 성령님은 내가 가장 먼저 시작할 일이 '새벽기도'라고 말씀하셨다.

'나는 원래 아침잠이 많으니까 일어나자마자 잠깐 기도를 드리는 것만으로도 최선을 다하는 거야.'

그때까지는 이렇게 스스로 합리화했다. 내 중심이 주님과 주님의 나라에 있지 않고 어리석게도 나와 세상을 향해 있었던 것이다. 회개가 터져 나왔고, 천국을 소망하며 예수님 닮아가는 삶을 기쁘게 살 수 있으리라는 자신감도 생겼다. 복음 전하는 사명을 위한 서원기도를 드렸다는 한 형제의 간증을 듣고, 나도 기쁜 마음으로 기도를 했다.

'주님, 복음을 전하는 데 부끄러운 자가 되지 않도록 주님을 최우선으로 살게 해주세요. 부활 복음을 전하는 자로서 아직 자격 미달이지만 새벽기도를 사수하는 것부터 시작하겠습니다!'

다음 날부터 매일 여섯 시에 가까이 사는 지체와 만나 함께 새벽기도를 드렸다. 그리고 '내 상황에 맞게'가 아닌 '주님의 상황을 먼저 따지는' 충실한 종이 되기로 서원했다.

기도의 맛을
보다

그런데 어느새 나는 다시 세상 속에서 하던 버릇대로 살아가고 있었다. 새 피조물에서 옛사람의 모습으로 돌아가고 있다는 생각에 매일 회개했지만, 정작 기도가 부족했다. 기도할 영혼들은 늘어나는데 기도 시간은 점점 줄었다.

평소 대화식 기도는 곧잘 했지만, 골방기도는 오 분을 넘기지 못하는 게 문제였다. 교회 기도 시간에는 부르짖으며 기도하는 지체들과 나 사이에 괴리감마저 느꼈다. 하도 답답해서 주님께 방언을 달라고 투정을 부렸다.

'주님, 기도 좀 길게 하게 해주세요. 새벽기도도 힘들고, 도저히 기도를 길게 못하겠습니다. 방언을 주시면 오래 기도할 수 있다고 하는데, 제게도 성령의 은사를 주세요!'

그런데 기도에 대한 내 편견이 깨지는 일이 벌어졌다.

나와 같은 시기에 유방암 0기 진단을 받은 연수 언니의 후배 부부가 주일예배를 드린 후에 나를 만나고 싶다고 했다. 당일 새벽, 부담감에 눈이 저절로 떠졌다. 거실로 나와 식탁에 앉아 손을 모았다.

'주님, 오늘 만나는 부부의 영혼, 제가 전도하면 죽어요. 주님이 직접 전도해주세요. 저는 기도도 못하는 사람입니다. 아무 능력도 없습니다. 그러니 주님, 부디 오늘 저를 죽여주시고 주님이 알아서 해주세요! 저는 입술만 크게 벌릴 테니 주님이 전도하셔서 꼭 살려주세요!'

간절한 마음으로 잠깐 기도하고 눈을 떴는데, 한 시간 반이 지나 있었다. 지금껏 내 기도 시간은 길어야 오 분이었는데, 믿어지지 않았다. 마치 주님이 '이렇게 기도하면 된단다'라고 말씀하시는 것 같았다. 내가 주님께 구한 게 무엇인지 곰곰이 따져보았다.

내가 주님을 영접했던 때가 떠올랐다. 예수님이 주인이
시니 앞으로는 절대 머리 되시는 주님의 명령 없이는 액션을
취하지 않겠다고 다짐했다. 그러면서도 내가 얼마나 형식
적인 기도를 해왔는지 깨달아졌다. 진심을 원하시는 그분
앞에 이제야 마음을 드리는 기도 시간을 가졌음을 알았다.

내가 잘한 것은 딱 하나였다.

'내 뜻대로 말고 주의 원대로 하옵소서.'

주님의 뜻대로 따라가는 게 중요하지, 내가 기도를 멋
있게 오래 잘하는 건 중요하지 않았다. 눌린 상태로 기쁨
이 하나도 없이 영혼을 만나는 게 두려워 급한 마음에 나도
모르게 정답을 외친 거였다.

이미 모든 것을 알고 계시니 중언부언할 것 없이 그분과
진심을 소통하는 게 진정한 기도임을 알았다. 주님의 세밀
한 배려에 눈물이 나서 한참을 울었다.

그 부부를 만나기 전, 성령 충만을 구하기 위해 아침 일
찍 중고등부 예배를 드렸다. 내 간절한 마음에 화답하듯
찬양 가사가 가슴에 꽂혔다.

"나는 하나님의 편지~."

찬양 뒤에 이어진 골로새서 1장 24-29절 말씀은 내가 그 부부에게 하나님의 편지임을 알게 하셨다.

나는 이제 너희를 위하여 받는 괴로움을 기뻐하고

그리스도의 남은 고난을

그의 몸 된 교회를 위하여 내 육체에 채우노라

내가 교회의 일꾼 된 것은

하나님이 너희를 위하여 내게 주신 직분을 따라

하나님의 말씀을 이루려 함이니라

이 비밀은 만세와 만대로부터 감추어졌던 것인데

이제는 그의 성도들에게 나타났고

하나님이 그들로 하여금 이 비밀의 영광이

이방인 가운데 얼마나 풍성한지를 알게 하려 하심이라

이 비밀은 너희 안에 계신 그리스도시니

곧 영광의 소망이니라

우리가 그를 전파하여 각 사람을 권하고

모든 지혜로 각 사람을 가르침은

각 사람을 그리스도 안에서 완전한 자로 세우려 함이니

이를 위하여 나도 내 속에서 능력으로 역사하시는 이의

역사를 따라 힘을 다하여 수고하노라

골 1:24-29

'그래, 오늘 맞이할 그들에게 나는 편지 역할을 충실하게 하면 돼.'

내가 받은 편지를 넘겨줄 때 내 힘이 들어가지 않게 해달라고 기도했다. 곧이어 고린도전서 2장 9-12절과 로마서 14장 17절, 사도행전 2장 36절 말씀을 찾아주시는데 감사가 터졌다. 기쁨과 평강이 넘쳐서 흐르는 눈물을 주체하기 힘들었다.

연수 언니와 함께 부부를 만나는 동안 모든 힘을 빼고 속으로 주님께 의뢰하며 복음을 전했고, 주님이 그 시간을 이끌어가시는 것을 알 수 있었다.

그날 이후로 주님이 나를 기도자로 부르셨음을 깨달았다. 기도가 우선되지 않으면 내 의가 나올 수 있기에 매일 아침 눈뜨자마자 주님과 독대하는 시간을 가졌다. 교회 새벽예배 시간에 맞춰서 공동체와 함께 시작해야겠다고 다짐했다.

학원 일을 돕고 밤늦게 서울에 도착하여 열두 시 넘어서 잠들었다. 다음 날 새벽 다섯 시, 고요하고 적막한 내 방에서 혼자 기도하려는데 갑자기 어색했다.

'주님… 제가 혼자 떠드는 게 어색한데요, 제 앞에 앉아

주세요. 제 앞에 계신다고 생각하고 기도할게요.'

이렇게 부탁을 드렸다.

'그래도 어색한데 찬송가 하나 부를까요? 제가 눈 감고 펼칠 테니 원하시는 곳을 펴주세요.'

찬송가를 하나씩 불렀다. 주님과 함께 말씀을 찾고 기도하다 보니 어느새 세 시간이 훌쩍 지나 있었다. 그때부터 나는 주님과 오붓하게 예배드리는 새벽 다섯 시가 늘 기다려졌다.

항상 느끼는 것이지만 하나님의 응답은 정말 신선하다. 기도를 길게 하고 싶으니 방언을 달라는 내 기도에 주님은 '기도를 길게 하는 것보다 네 중심을 본다'라고 응답해주셨다.

그날 새벽에 나는 영혼 구원을 위해 그리고 내 명철을 의지하지 않고 주님께 모든 것을 맡겨드리길 갈급하게 기도했을 뿐 기도를 길게 늘이려고 머리를 굴리지 않았다. 그 부부를 만나는 날 새벽에도 마음의 부담을 솔직하게 아뢰고, 부부의 영혼을 살려달라고 호소했다. 그것이 주님이 원하시는 기도였다.

암 통증이
시작되다

주님은 내가 바라지 않아도 상을 주셨다. 주님의 마음을 묵상하면서 내가 조카를 생각하는 마음이 떠올랐다. 조카가 뭘 좋아하는지 기어코 알아내어 선물을 주고 아이가 기뻐하는 모습을 보는 낙으로 사는 마음, 그 즐거움.

내가 조카를 볼 때처럼, 선물을 안고 기뻐하는 나를 보며 더욱 기뻐하시는 주님의 마음이 느껴지자 당당하게 기도할 수 있었다.

'주님이 만나라고 하신 영혼에게 복음을 잘 전하면 제 부활체 좀 예쁘게 만들어주세요', '하늘에 있는 제 집 한 평만 늘려주세요', '그 집 인테리어를 예쁘게 해주세요'라고. 이 땅에서도 하늘에서도 나를 위한 선물을 잔뜩 준비하신 내 아버지께 아이처럼 조르고 또 졸랐다.

주님은 암이 선물이라고 고백했던 내 중심을 받으셨다. 암은 내가 주인 되어 살아서 걸린 것이지 주님이 주신 것이 아니었다. 오히려 주님은 돌아온 탕자인 내게 암이 치유되는 역사를 보이셨다.

2015년 1월경, 내가 만나거나 기도한 암 환자 및 희귀병 환자는 일곱 명이었다. 그들은 대부분 암 말기이거나 재발한 중증 환자들이었다.

나도 처음에는 치료 불가 판정을 받은 암 환자였지만, 항암 부작용을 겪던 중 중보기도를 통해 예수님을 만나 모든 고통이 끝나는 은혜를 누렸다. 그래서 암 환자들에게 희망적인 메시지를 건네면서도 막상 암으로 사망에 이르는 이들의 고통까지는 헤아리지 못했기에 때로는 말씀을 전하면서도 죄송했다.

그러던 중 한 환자로부터 "당신은 나았으니까 그렇게 말할 수 있지!"라는 원망 섞인 말을 들었다. 나는 '여기까지인가…' 하고 낙심했지만 그를 위해 기도했다.

날 보며 희망을 찾는 환자에게는 담대할 수 있지만 절망하는 환자에게는 자신이 없다고, 하지만 암 환자에게 복음을 전하는 도구로 쓰시기 위해 나를 살리셨다면 길을 열어 달라고 간구했다.

기도를 시작한 지 일주일 정도 지났을까 건강검진 후 뼈만 다시 정밀검사를 하자는 의사의 말에 기분이 묘했다. 검사 결과는 재발이었다. 의사는 예전에 암이 사라진 뼈에 그대로 재발했다며 이런 일은 처음이라고 했다. 나는 단박에 주님의 뜻을 알아차렸다. 주님이 영혼 구하는 일에 내 몸을 쓰신다고 확신하자 가슴이 뛰기 시작했다.

놀랍게도 통증은 전혀 없었다. 그런데도 의사는 통증이 없는 게 오히려 부자연스러운 상황이라며 재차 물었다. 제대로 설명하지 못하고 당황해하는 모습이 이 년 전과 별반 다르지 않았다.

그는 다른 장기가 깨끗해서 항암을 할 수 없다며 삼 주에 한 번 뼈주사를 맞자고 했다. 문제는 뼈가 무너지는 것으로 특히 오른쪽 골반의 상태가 꽤 심각하다며, 간호사를 통해 주의사항을 알려주었다. 넘어지거나 무거운 것을 드는 것, 이삼십 분 이상 걷는 것도 금지였다. 직통번호를 주며 통증이 있으면 언제든 참지 말고 연락하라고 당부했다.

주님이 암이 선물이라는 내 고백을 받으시고, 내가 암을 감당할 수 있을 거라고 믿어주셨다는 마음이 들었다.

'첫 번째 암을 선물이라고 고백했으니 두 번째, 세 번째도 선물인 거야.'

나는 곧바로 병원에 입원 중인 걷지 못하는 환자에게 뛰어갔다.

"제가 선물을 가져왔어요. 저도 재발했는데 못 걷게 될 수 있다고 해요. 주님이 당신과 마음을 함께하게 해주셨네요. 하지만 우리 주님은 내가 다리를 질질 끌고 이곳에 오게 하시지는 않을 거예요. 당신이 예수님을 주인으로 믿을 때까지 두 발로 당신 앞에 나를 당당히 세워두실 거예요."

나는 복음을 더욱 외치며 기쁘게 다니기 시작했다. 그런데 조심하지 않으면 골반뼈가 부러져 위독할 수 있다는 의사의 말에 내 안에 두려움이 숨어들었는지 암 통증이 시작되자 마음이 한순간에 무너져 내렸다.

중심을 보시는
하나님

당시 내 일상은 중증 암 환자와 마음에 상처가 있는 미혼모들, 영접하지 못한 크리스천들을 만나는 일정으로 가득했다. 그래서 새벽기도에 더욱 열심을 내고 사명자로서 흔들리지 않기 위해 애썼다.

재발 선고를 받고 얼마 지나지 않아 잠을 자다가 엄청난 통증에 정신이 번쩍 들었다. 생전 겪어보지 못한 고통이었다. 순간, 나는 주님을 놓쳤다. 한밤중에 찾아온 통증은 죽음까지 생각나게 했다. 캄캄한 방에서 눈물과 식은 땀으로 범벅이 되어 사시나무 떨듯 덜덜 떨었다. 몸의 위치를 어떻게 잡아야 고통을 멈출 수 있을지 알 수 없었다. 뼈가 무너진다는 말이 현실로 다가오자 오만 가지 생각이 다 들었다.

이러지도 저러지도 못하고 두려워 떨면서 "예수는 나의 주…"만 중얼거렸다. 머릿속에는 오늘 죽으면 안 된다는 생각밖에 없었다.

'주님… 오늘은 안 돼요. 저는 오늘 주님을 위해 온전히 살지 않았습니다. 내일이 있을 줄 알았어요…. 제발 오늘 말고 내일 데려가주세요.'

기도하며 밤을 꼬박 새웠다. 좀처럼 사그라들지 않던 통증이 조금 잠잠해졌지만, 침대에서 일어나 발을 땅에 딛는 순간 송곳으로 찌르는 듯한 고통에 망연자실했다. 오직 한 가지 생각밖에 없었다.

'교회로 가자.'

하지만 나는 먼저 병원으로 향했다. 당장이라도 어떻게 될 것 같은 심한 통증에 겁이 덜컥 나서 병원에 전화했더니 더 이상 치료제는 없고 원하면 진통제를 처방해주겠다는 냉정한 답이 돌아왔다. 통증을 견딜 수가 없어서 서둘러 짐을 싸고 캐리어(여행용 가방)를 목발 삼아 힘겹게 병원에 도착했다.

의사는 교회 간다는 나를 말리다가 내 의지가 확고한 것을 보고 가더라도 제발 누워만 있으라고 당부하고는 "이제 희망이 없다"라고 하며 진통제를 처방해주었다. 허탈한 마음이 들었다.

'이 약을 먹으면 고통이 멈출까? 아니야. 예배드릴 때 주님이 치유하실 수도 있는데, 진통제를 먹으면 주님이 하신 건지 약 때문인지 헷갈릴 수가 있어. 일단 먼저 예배를 드리자.'

밀려오는 통증을 꾹 참으며 교회로 갔다. 수련회 기간이라 다른 교인들이 예배당을 사용 중이어서 유치부실로 가는데 그날따라 계단이 왜 이렇게 많고 높은지 발을 디딜 때마다 죽을 것처럼 아팠다. 한 발로 걷는 사람들의 고통이 어떤 것인지 알 수 있었다.

유치부실에 있다가 예배당으로 가서 앉아있는데 골반과 허리 통증 때문에 다리가 점점 굳어갔다. 몸이 한쪽으로 기울어서 똑바로 앉을 수 없었다. 그때 갑자기 목사님이 이년 전 내 간증 영상을 틀더니 재발 소식을 알리고 다시 살려달라며 뜨겁게 중보기도를 해주셨다.

기도가 시작되자마자 극에 달했던 두려움이 점점 사라

졌다. 내 연약함을 보시고 곧바로 응답해주신 주님의 위로가 너무 감사했다. 공동체의 사랑의 기도가 절실했던 마음에 대한 응답이었다.

'주님, 감사합니다'를 연발하다가 갑자기 '내가 지금 뭐하고 있지?' 하는 생각이 들었다. 내 영혼의 상태가 얼마나 형편없는지 깨닫자 '나는 위선자입니다'라는 회개가 터져 나왔다.

조금 아플 때 '예수님을 위해 죽겠습니다!'라고 외치던 믿음은 사라지고, 많이 아프니까 죽을 것 같다고 벌벌 떠는 나. 골반이 부러지면 죽을 수 있다는 의사의 말에 벌벌 떠는 나. 연약한 내 모습을 보시고 속상해 하실 하나님을 생각하니 너무 죄송했다.

'고통을 참을 만하면 예수님이 주인이라고 하다가 참기 힘드니 제가 주인이 되었어요. 손바닥 뒤집듯 하는 제 중심이 너무 부끄럽습니다. 저 때문에 얼마나 쪽팔리셨어요. 천국에 대한 소망으로 마냥 기뻐하면서도, 가는 방법은 제가 또 정해 놓았네요. 가더라도 고통 없이 잘 있다가 가게 해 달라고 한 거네요. 제 두려움을 다 주님께 드립니다.

지금 가장 두려운 건 장애인으로 남은 시간을 사는 것입니다. 장애인으로 살게 되더라도 주님의 계획이 있으실 테니 감사해야 하는데, 저는 피하고만 싶어요. 하지만 주님의 뜻이면 이루어져야 함을 믿습니다.

무슨 일이 일어나도 저는 영원히 안전한데 눈에 보이는 상황 앞에 또 벌벌 떨었네요. 결론은 무조건 해피 엔딩인데 말이에요. 제가 두려워하건 말건 주님의 뜻대로 행하세요. 제가 원치 않는 현실도 감사하게 받아들이며, 부활하신 예수님이 우리의 주인이신 것을 기쁘게 선포할 자신이 있습니다.

혹여 길을 걷다 쓰러져도, 뼈가 부러져서 죽음에 이르게 되어도 제 몸과 마음은 예수님의 것입니다. 기쁘게 죽음을 맞이하며 하나님의 자존심을 꼭 지켜드리겠습니다. 이제 두렵지 않아요. 장애를 가진 몸으로 이 땅에서 지내는 시간이 아무리 길게 느껴져도 천국에서 누리는 영원한 시간과 견줄 수 없지요. 저는 무조건 감사합니다.'

곧바로 몸의 변화를 느꼈다. 내 초점을 주님께 맞추는 순간, 마음속 갈등이 거짓말처럼 사라지고 몸에 변화가 나타났다.

'설마….'

혹시나 하는 마음에 다리에 힘을 주고 일어났다. 통증이 사라지고, 다시 두 발로 뚜벅뚜벅 걸어서 밖으로 나올 수 있었다. 공동체의 기도가 또다시 내게 생명의 불씨를 피워주었다. 암에 대한 공포와 통증에서 나를 건져낸 중보기도에 감사와 회개의 눈물을 흘렸다.

아무것도 염려하지 말라고 하셨는데, 담대하게 나가야 하는데, 순간 움츠러든 내가 한없이 부끄러웠다. 하나님께서는 또다시 내게 기적을 보여주셨다.

'이 기적의 메시지는 무엇일까?'

그때 이삭을 제물로 바치러 산으로 올라가는 아브라함의 마음을 알게 하셨다. 그 마음이 놀랍게도 너무 생생하게 느껴졌다.

'아브라함도 알았군요. 주님이 최고의 것을 주실 것이기 때문에 아들을 해치기 위해서가 아니라 주님의 더 좋은 계획을 믿고 소망해서 그 길을 간 거였어요!'

나는 뛸 듯이 기뻤다. 중심만 확인하시는 하나님 앞에 진짜 드려야 할 것이 무엇인지 확실하게 알았다. 통증도 감사했다. 이 통증으로 나는 말기암 환자들의 진정한 고통을 알 수 있었다. 그렇게 힘들었던 항암 부작용이 우스울 정도로 암 통증은 처절했다.

그 고통을 겪지 못했다면 말기암 환자의 마음을 헤아리고 그들을 위로하는 데 한계가 있었을 것 같다. 나를 다시 일으키시는 그분의 은혜가 감격스러웠다.

암 환자의 고통을 다시금 몸에 새기면서 더한 고통이 와도 기쁘게 감당할 수 있다는 자신감이 생겼다. 설사 내게 주어진 시간이 얼마 남지 않았다고 해도 주님이 나를 지켜 주시기에 영혼들을 구원하는 일, 오직 복음에만 집중할 뿐이다. 통증에 집중하지 않고 오직 복음을 붙들자 모든 염려가 사라지고 어떤 상황이든 받아들일 수 있는 여유와 담대함이 생겼다.

주님은 정말 중심만 보신다. 아브라함이 이삭을 바칠 때 그 마음만 보셨듯이. 삶에 어려움이 닥치면 내 중심을 먼저 드리는 게 하나님나라의 질서임을 깊이 깨달았다.

무릇 지킬 만한 것 중에
더욱 네 마음을 지키라
생명의 근원이 이에서 남이니라

잠 4:23

02

두려움과
당당하게
맞서기

경태와
애숙이

하나님은 기도하는 법을 알려주셨고, 내 옛 습성을 하나씩 벗겨가셨다. 주님을 위해 죽겠다는 각오로 뛰어가다가 넘어질 때면 그 열정과 사랑에 내 힘이 잔뜩 들어갔음을 차근차근 깨닫게 하셨다.

주님의 놀라우신 사랑 앞에서 내 마음이 다시 주님을 향한 사랑으로 가득 차면, 비로소 암 환자들에게 주님을 전할 기회를 주셨다. 나는 전도할 때 복음을 전해야 하는 걸 알면서도 '부활'이라는 단어가 주는 불편함을 피하기에 급급했다. 그보다는 내 병 고침 받은 특별한 사건을 통해 소망을 심어주려 했다. 이런 '나' 중심적인 전도는 나를 점점 힘들게 했고, 말씀을 받지 못하는 사람을 원망하게 만들었다. '나는 전했으니까'라며 합리화하다 보니 기쁨과 사랑이 사라졌고, 전도를 포기하고 싶은 마음만 자꾸 들었다.

그런데 진정한 기도를 깨달은 후에는 하나님께서 그토록 원하시던 부활의 복음을 당당하게 외치며 전도하기 시작했다. 그 첫 만남이 경태와 애숙이었다.

급성백혈병에 걸린 경태는 아내 애숙이와 아들 수현이를 둔 가장이었다. 나는 그가 내 부족함 때문에 혹여 구원받지 못할까 봐 두려웠다.

절박한 마음으로 매일 새벽 다섯 시에 일어나서 찬송가를 부르고 세 시간 넘게 부르짖었다. 새벽에 일어나 홀로 예배드리는 중에 하나님께서 빌립보서 4장 6,7절 말씀을 사흘 연속으로 주셨다.

아무것도 염려하지 말고
다만 모든 일에 기도와 간구로,
너희 구할 것을 감사함으로
하나님께 아뢰라

그리하면 모든 지각에 뛰어난 하나님의 평강이

그리스도 예수 안에서

너희 마음과 생각을 지키시리라

빌 4:6,7

나는 작은교회에 중보기도를 요청하며, 그들을 만나기 직전까지 기도로 주님께 맡겨드렸다. 얼마 후 무균실에 들어간 부부는 어린아이처럼 주님을 영접하고 말씀을 붙들었다.

내가 애숙이에게 말씀을 전하고 기도해주면, 면회가 가능한 그녀가 무균실에 있는 경태에게 전해주었다. 경태와 애숙이 부부를 향한 내 사랑은 이상하리만치 넘쳤다. 날마다 찾아가 복음을 전해도 전혀 힘들지 않았다.

약 한 달 후에 경태가 퇴원하자마자 두 사람은 우리 교회의 지체가 되었다. 경태와 애숙이는 밤이 새도록 예수님에 대해 이야기하는 사람들로 바뀌었다. 그들에게 역사하시는 하나님은 실로 경이로웠다.

그들을 만나러 가는 한 달 동안 나는 아무것도 할 필요가 없었다. 오직 기도에 힘쓰며 주님께서 인도하시는 곳으로 가서 성령께서 행하시는 걸 직접 경험하는 것이 다였다. 그것이 진정한 주 되심이라는 것을 체험했다.

내가 할 일이 하나도 없음이 너무 큰 은혜로 다가왔다. 예수님을 아는 것과 믿는 것의 차이를 깨닫는 것의 충격만큼이나 주님께서 다 하신다는 말을 아는 것과 믿는 것의 차이를 몸으로 경험했다. 그분의 목적과 뜻이 보였고 비로소 내가 갈 길도 선명하게 보였다.

마태복음 6장 33절, "너희는 먼저 그의 나라와 그의 의를 구하라 그리하면 이 모든 것을 너희에게 더하시리라", 이 말씀이 내 인생이 될 거라고 주님 앞에 고백했었는데 진정한 실천은 이들을 만난 시점부터였다.

이후 경태는 C채널 〈오직 주만이〉에 출연하여 간증을 통해 그가 빌립보서 4장 6,7절 말씀에서 받은 은혜를 나누었다. 주님이 새벽기도 시간에 경태와 애숙이를 향해 주신 말씀을 내 명철을 조금도 의지하지 않고 나 자신을 부인하며 주님이 시키신 그대로 전했을 뿐인데 성령께서 경태의 마음에 역사하셨다.

전도를 통해 주신 깨달음으로 마음을 정결케 하는 것에 힘쓰고, 부활이 유일한 복음이라고 선포하며 모든 것을 주님께 맡겼다. 놀랍게도 경태와 애숙이에게 오갈 때마다 전도의 기회가 열렸다. 주님은 더 많은 암 환자를 보내주셨고, 그들이 영접할 때면 칭찬하시듯 여러 수업의 자리로 인도해주셨다.

악기 수업하는 자리 역시 주님께서 주신 자리이므로 늘 주님의 말씀을 전하는 목적을 되새겼다. 주신 이도 주님이시요, 거두실 이도 주님이시니 그 자리에서 잘릴까 염려하는 마음이 전혀 없었다.

오로지 복음을 전할 목적으로 일을 하니 힘들기는커녕 신이 났다. 주님의 인도하심을 확신하면 조건을 따지지 않고 복음이 필요한 어느 곳이나 감사로 달려갔다.

한 영혼이 천하보다 귀하다는 목사님의 말씀을 떠올리며 한 영혼 구하는 데 힘썼더니, 한 영혼이 더 많은 영혼을 살리는 하늘의 섭리를 보았다.

그런즉 그들이 믿지 아니하는 이를 어찌 부르리요
듣지도 못한 이를 어찌 믿으리요
전파하는 자가 없이 어찌 들으리요

롬 10:14

차라리 나를
데려가세요!

이후 경태는 골수검사를 다시 받았다. 결과를 듣고 나는 망연자실했다. 재발이었다. 내 재발 소식에는 담담할 수 있었는데 경태의 소식에 마음이 무너져 내렸다.

경태는 입원을 권하는 의사의 말을 듣지 않고 기도해보겠다고 했다. 나는 겉으로는 담담한 척했지만, 애숙이의 절망하는 얼굴이 그려져서 마음이 몹시 어려웠다. 교회로 달려가서 부르짖는 수밖에 없었다. 기도를 하는데, 내가 맨 처음 암 선고를 받고 서울로 올라오는 차 안에서 흘리던 절망 가득한 눈물밖에 나오지 않았다.

'왜입니까? 저를 데려가시지 왜 경태입니까? 경태도 세상에서 간증하며 영혼을 구하는 기쁨을 누리게 해주세요. 가정도 있는데 데려가지 마시고… 차라리 저를 데려가세요!'

끅끅거리면서 기도하는데 옆에서 우리 지체들의 울부짖는 기도 소리가 들렸다. 나처럼 누군가를 위해 절규하는 소리를 듣자 정신을 차렸다.

'아… 우리 지체들도 내가 가면 이런 마음이겠구나.'

이전에 내 재발 소식에 슬퍼하던 한 지체에게 믿음이 얕다며 면박을 주었는데, 그제야 그 마음이 헤아려졌다.

'내가 먼저 가면 남은 지체들도 힘이 빠지겠구나….'

그러자 기도가 달라졌다.

'하나님, 저도 살려주세요. 우리 지체들이 주님을 위해 힘내서 일할 수 있도록, 제 몫을 떠넘기고 가지 않도록 저도 경태도 살려주시고, 우리 모두 한날한시에 불러주세요!'

응급실에서 하루를 시작한 경태는 정말 환자 같았다. 애숙이 역시 얼굴이 많이 상해 있었다. 그들의 서로를 향한 절절한 시선은 마음을 저미게 했다. 잠시 후 담당 의사가 다녀가자 애써 마음을 다잡은 그들에게 다시 절망의 회오리가 몰아쳤다. 흐느끼는 그들을 두고 응급실을 빠져나와 목사님께 상황을 알려드렸다.

기쁨을 잃은 경태와 애숙이가 아직 준비되지 않았다는 생각에 초조했다. 경태를 통해 내 연약한 믿음이 드러났다. '나는 되고, 경태는 안 돼요!'라며 내 마음이 외치는 소리에 귀 기울이는 게 아니라 주님의 말씀으로 인해 평안해야 하는데, 경태와 애숙이가 부둥켜안고 흐느껴 우는 모습을 보면 마음이 와르르 무너졌다. 밖에서 한참을 울면서 기도했다.

"자기 힘으로 애쓰는 건 오답이다! 주 안에서 우러나오는 기쁨과 평강이 정답이다!"

복음을 전하면서 수도 없이 외쳤던 말이다. 경태와 애숙이에게 기쁨으로 평강하라고 말하면서도, 정작 내 마음은 하루에도 몇 번씩 롤러코스터처럼 흔들렸다. 나는 애써 말씀을 붙들었다.

마음을 다잡고 돌아가서 경태에게 베드로전서를 소리 내어 읽으라고 했다. 생각과 감정이 아닌 말씀을 따라야 한다고 단호하게 말했다. 1장을 겨우 읽어내려간 경태는 아무것도 떠오르지 않는다고 했다. 그는 자신이 떠나고 남겨질 애숙이와 아들 수현이 생각에 고통스러워했다. 그 부분에 계속 걸려있었다. 해결 받아야 할 부분이 선명했다. 주님이 해결해주셔야 했다.

그때 같은 작은교회에 속한 언니가 도착했다. 기쁨 전도사인 언니 덕분에 어두운 분위기가 반전되었다. 언니는 놀랍게도 경태 가족을 돕기로 마음을 먹은 상태였다.

"경태가 내 동생인데 당연히 수현이도 내가 키우고 애숙이도 돌봐야지."

언니는 우리 모두 주 안에서 한 가족이니 가는 날까지 서로 책임지자고 했다. 원내 식당에서 언니와 늦은 점심을 먹으면서 경태의 상태를 알렸다. 그러자 언니는 경태가 치료를 포기했으면 좋겠다고 했다.

나 같으면 진작에 그랬을 텐데, 은연중에 그는 꼭 치료를 받아야 한다고 생각했다. 매일 사형선고를 들으며 마음이 죽어가는 경태와 애숙이가 '내 말 한마디로 성령 충만을 받지 못하면 어쩌나' 전전긍긍하던 내게, 주님이 지원군을 보내주신 것만 같았다.

식사 후, 세 번의 허탕 끝에 어렵게 약속을 잡은 대장암 말기 환자에게 갔다. 그는 육 개월 시한부를 받았는데, 치료를 택하지 않고 남은 인생을 즐기겠다는 생각을 갖고 있었다. 치료로 인한 고통도 없고 아직 뚜렷한 증상도 느끼지 못해서 간절함이 없어 보였다.

눈동자를 들여다보며 복음을 전하는데 아직 시간이 더 필요해 보였다. 그래도 최선을 다해 부활 복음을 전했고, 형제보다는 곁에 있던 누나(권사님)와 동생이 복음을 기쁘게 받았다. 자리를 정리하고 일어서는데 형제의 누나가 무언가를 내밀었다. 필리핀에서 직접 공수해왔다는 그라비올라 잎이었다. 암세포만 쫓아 없앤다는 기적의 잎으로 암 환자들 사이에서 너무도 유명했다.

그 잎은 체력도 상황도 최악인 경태를 위한 주님의 선물

같았다. 감사하다고 연거푸 인사드리고 잎을 받아 병원으로 한달음에 달려갔다. 나는 경태에게 잎을 내밀며 척수검사, 방사선 치료, 항암 등 남아있는 고통스러운 치료를 포기하고 교회에서 매일 예배드리면서 온전히 주님과 시간을 갖자고 했다.

"실은 나 같으면 진즉에 남은 치료 대신 교회로 달려가는 것을 선택했을 텐데, 네게 차마 권하지 못했어."

순간, 경태의 눈동자가 살아났다. 그러면서 춘천으로 가면 자신이 주님의 자존심을 지켜드릴 수 있을 것 같다며 기뻐했다. 나는 경태와 애숙이의 반짝이는 눈동자에서 진정한 기쁨을 보았다. 가슴에 꽉 막혔던 것이 쑥 내려가는 것처럼 홀가분했다. 하나님이 주시는 기쁨과 평강이 우리 모두에게 임했다.

고통 끝에
다다르는 천국

내가 사모하는 천국을 경태와 애숙이도 큰 설렘으로 사모하기를 기도했다. 우리의 두려움의 대상은 죽음이 아니기에 아무 문제가 없다. 예수님의 부활만이 진리이다. 진리가 우리를 자유케 한다.

애숙이는 "예수께서 돌이키시며 베드로에게 이르시되 사탄아 내 뒤로 물러가라 너는 나를 넘어지게 하는 자로다 네가 하나님의 일을 생각하지 아니하고 도리어 사람의 일을 생각하는도다 하시고"(마 16:23)라는 말씀으로 회개하며 자신이 베드로였다고 고백했다.

나는 이 아름다운 가정이 주님 안에서 평안을 되찾았음을 확신했다. 해처럼 빛나는 그들의 얼굴에 두려움과 절망 따윈 보이지 않고 기쁨과 평강이 넘쳤다.

경태는 그 힘들다는 척수검사도 아프지 않았다고 했다. 어떤 고통에 처하더라도 우리를 보호하는 건 주님을 향한 믿음뿐이었다. 마침내 경태 부부와 나는 경태의 죽음도 기쁘게 받아들일 준비를 끝냈다.

경태는 떠나는 순간까지 내게 큰 깨달음을 주었다. 천국 가는 사람들은 죽는 순간까지도 빛이 나는 줄 알았다. 그 빛으로 믿지 않는 이들에게 소망을 주고 아름답게 떠날 줄 알았다. 그래서 내가 죽을 때는 얼마나 찬란한 빛이 날까 기대하곤 했다.

하지만 경태의 죽음은 유난히 힘겨웠다. 나는 그의 곁을 지키면서 혼란스러웠지만, 결국 주님의 방법을 깨달았다. 어느 기사에서 아기가 태어날 때 목이 찢어져라 우는 이유는 엄마의 뱃속에서 세상에 나올 때 온몸이 부서지는 고통을 겪기 때문이라고 했다. 그 기사가 떠오르며 불현듯 주님의 마음이 느껴졌다.

'우리도 천국에서 새롭게 태어날 때 지금 입고 있는 이 몸이 죽음에 다다르는 과정에서 고통이 따를 수 있겠구나. 믿지 않던 자들이 영접하면 편안한 모습이 되는데, 왜 믿음 좋은 사람들은 간혹 죽는 과정이 쉽지 않을까? 거듭난 사람도 매일이 새날이기에 어제는 담대해도 오늘은 두려움을 붙들 수 있고, 남겨진 세상에 대한 염려가 생길 수도 있구나.

주님은 우리를 믿어주시기에 우리가 스스로 내려놓을 수 있는 시간을 허락하시는지도 모르겠다. 천 년이 순간이라고 표현하신 것처럼 오랜 시간 힘든 것 같아도 아주 짧은 순간일 수 있다. 그저 우리가 이 땅에서 허락된 시간 동안 하늘의 것을 바라보라고 하시는구나. 두려움과 잘 싸워서 당당하게 오기를 바라시는구나.'

경태의 소천 과정을 지켜보며 죽어가는 영혼에게 정말 필요한 게 무엇인지 깨달았고, 그들의 마지막 순간을 도와야겠다는 새로운 각오를 다졌다.

지금 경태는 우리 곁에 없지만 유튜브를 통해 그의 간증은 지금까지 쓰임받고 있다. 또 아들 수현이는 무럭무럭 자라서 중학생이 되었고, 애숙이 역시 남편을 먼저 보내면서 예수님을 깊이 만난 간증으로 주님께 영광을 올려드렸다(그녀는 지금 온라인 쇼핑몰을 운영하며 주님과 동행하며 살고 있다).

경태가 소천한 다음 해, 이전에 그라비올라 잎을 선물한 대장암 말기 환자의 누나로부터 연락이 왔다. 한 번만 더 만나달라고 했다. 그래서 곧장 병원으로 갔더니 그의 친남매 여섯 명이 나를 기다리고 있었다. 하나님이 그에게 복음만을 순수하게 전하라는 마음을 주셔서 부활 복음을 열정적으로 전했다. 그러자 그는 드디어 복음을 깨닫고 내 손을 잡고 영접기도까지 드렸다. 그 자리에 있던 동생들도 함께 주님을 영접했다.

내가 떠난 뒤 그는 동생들에게 "복음은 부활"이라고 선포했고, 이후 그들은 누나 권사님과 함께 우리 교회에 토요 찬양예배를 드리러 왔다. 놀라운 성령의 역사였다. 형제는 소천하는 순간까지 견딜 수 없는 통증으로 괴로운 가운데 신음하면서도 찬양과 말씀에 집중했다.

교회 공동체의
사랑

나와 경태가 주님을 온전히 붙잡을 수 있었던 것은 교회 공동체의 사랑 덕분이었다. 하늘 가족으로 맺어진 인연으로 우리는 유독 교회 지체들로부터 차고 넘치는 사랑을 받았다.

개인주의가 만연한 사회에서 어떻게 이런 일이 있나 싶을 정도로 형제를 위해 죽는 게 마땅함을 몸소 보여주는 지체들의 사랑은 진짜 가족 이상의 힘을 발휘했다.

경태가 재발해서 생사의 기로에 놓였을 때, 몇몇 청년들은 교회로 오지 못하는 그를 응원하기 위해 춘천에서 일산까지 먼 길을 달려와주었다. 그중 한 자매는 경태를 생각하며 찬양을 만들었고, 지체들의 손편지를 엮어서 만든 선물을 가져와서 위문공연을 펼쳐주었다.

경태가 삼 개월 선고를 받은 시점에서 작은교회 지체들은 깜짝 파티를 열어주며 그와 이 땅에서 보내는 마지막을 소중하게 마무리하는 시간도 가졌다. 우리는 경태가 마지막까지 영적 싸움에서 승리할 수 있도록 계속 함께했다. 함께하는 게 능력이었다. 또한 그의 장례식 내내 공동체의 발걸음이 끊이지 않았고, 세상에서 유일한 경태를 위한 음악이 장례식장에 울려 퍼졌다.

내 방 곳곳에도 공동체의 사랑이 보인다. 목사님과 사모님을 비롯한 지체들의 응원과 사랑을 담은 거대한 롤링 페이퍼부터 내 사진을 본뜬 여러 작품과 나만의 동화까지 있다. 내가 심각한 상황에 처할 때마다 그들의 응원을 담은 선물 보따리가 쌓였다. 나는 가족 이상으로 함께해주는 지체들의 사랑으로 더욱 기쁘고 담대하게 나아갈 수 있었다.

그들의 목숨을 건 기도로 오늘도 벌떡 일어나 새날을 살아가고 있다.

이는 이방인들이 복음으로 말미암아

그리스도 예수 안에서 함께 상속자가 되고

함께 지체가 되고

함께 약속에 참여하는 자가 됨이라

엡 3:6

사랑하면
다 된다

주의 영광을 위해 배웠던 악기 연주를 어느새 성령님의 인도하심이 전혀 없이 바쁜 일정을 따라 하고 있었다. 결국 내가 주인 되어 하는 것임을 깨닫고는 주님의 뜻이 아니면 아예 치워달라고 했는데, 회개하는 마음을 받으셨는지 오히려 수업을 계속 주셨다.

첫 수업은 경태와 애숙이를 전도하는 과정에서 제안을 받았는데, 주님의 인도하심인 줄도 모르고 거리가 멀기도 하고 예상치 못한 일이라 일단은 거절했다.

나는 전화를 끊기 전에 자격증을 취득한 직후라 수업 경험이 전혀 없는 내게 연락이 온 것이 의아하여, 수업할 곳이 어떤 곳인지 물었다. 입양 기관에서 운영하는 미혼모 센터로 오 개월 정도만 후원자의 도움으로 수업할 예정이라고 했다.

'미혼모'라는 단어를 듣자마자 악기 부분에 대해 인도하심을 구하는 중에 전화를 받은 게 결코 우연이 아닌 것 같았다. 그래서 기도하는 중에 전화를 받은 것을 솔직히 말씀드리며 수업을 하고 싶다고 했다. 강사 초빙에 여러 조건이 있었지만 최종적으로 내가 선택되었다는 연락을 받았다.

그렇게 미혼모들과의 수업이 시작되었다. 오 개월이라는 한정된 시간 안에 그들을 모두 살려야 한다는 마음으로 강의 첫 시간부터 나를 이곳으로 인도하신 주님을 증거했다. 말기암 환자로 투병하는 과정에서 아이를 가질 수 없게 된 내 상황과 준비되지 않은 상태에서 아이를 갖게 된 그들의 상황이 연결고리가 되어 그들의 닫힌 마음을 여는 계기가 되었다.

센터는 입양 기관에서 운영하는 곳이어서 아이를 입양 보내면 엄마도 그곳을 떠나기 때문에 일주일에 한 번씩 갈 때마다 사람들이 계속 바뀌었다. 그래서 수업을 진행하기도, 복음을 전하기도 쉽지 않았다. 그저 그들을 위해 기도하고 사랑하며 수업하는 게 최선이었다.

그런데 어느 날, 수업을 받던 미혼모들에게 변화가 생겼다며 담당 선생님이 나를 따로 불러 그들의 멘토 역할을 부탁했다. 출산 후 아이를 입양 보내는 게 일반적이었는데 엄마들이 스스로 키우기로 결정했다고 했다. 나는 그곳에 있으라는 하나님의 음성으로 받겠다고 기도를 드렸다. 그러는 동안 내 수업은 막바지에 이르고 있었다.

나는 엄마들이 아이를 양육하려면 경제적 독립을 해야 하기에 악기 자격증 취득의 모든 과정을 후원하며 가르치겠다고 제안했고, 센터에서도 흔쾌히 허락해주었다.

그렇게 삼 년이 넘는 시간 동안 수업을 시작할 때 함께 기도하고 주기도문으로 마무리했다. 이후 예배를 함께 드리는 것까지 센터의 배려를 받았다. 내 의나 감정이 들어가지 않도록 주의하는 것도 잊지 않고 기도했다.

'수업을 주시는 이도, 끊으시는 이도 주님이시니 어느 곳에 가라고 하시든지 저는 복음을 전하는 사명에만 집중하겠습니다.'

여러 가지 안타까운 사연들이 가득한 그곳에서 많은 것을 깨달았다. 중간에 몸이 힘들어지면서 끝까지 함께하지 못한 아쉬움이 남지만 내가 감당할 만큼만 발걸음을 허락하신 것 같다.

미혼모 센터 수업 외에도 경태와 애숙이에게 달려가던 그 시점에 희한하게도 암 환자를 만나서 복음을 전하고 영접을 하는 날이면 어김없이 수업 요청 전화를 받았다. 나는 모두 승낙했고, 수강료도 따지지 않았다. 주님께서 주셨다는 것 하나로 내게는 권한이 없음이 분명했기에 어떤 수업은 자원봉사로 진행하기도 했다.

주님이 주시는 것과 아닌 것에 대한 분별이 너무 쉽게 되었다. 매일 새벽기도로 주님의 뜻을 확신할 수 있었다. 주님은 한 치의 오차도 없이 정확하셨다.

중학교, 청소년 수련관, 기독대안학교 등등 정해진 수업과 암 환자 전도로 일주일이 빡빡하게 채워졌다. 새벽에 부르짖는 이름이 점점 늘어났지만 한 사람도 놓치지 않고 주님 앞에 매일 부르짖으며 하루가 어떻게 지나가는지도 몰랐다.

그러나 바쁜 가운데 신기하게도 에너지가 점점 넘쳐났다. 내 하루는 예수님을 부르짖는 것으로 시작해서 부활하신 예수님을 증거하는 것으로 마무리되었다.

2018년 1월에 접어들어 내 상태가 악화되고 항암 부작용을 심하게 겪는 중에 '이제 부르심을 받는구나' 하는 신호가 몸 곳곳에서 나타났다. 모든 수업을 정리할 수밖에 없었다. 하나씩 정리하는데 어떤 수업은 자동으로 없어지기도 했다. 마지막으로 기독대안학교를 정리하려고 하는데 마음이 미어졌다.

처음 학교와 인연을 맺은 순간부터 모든 것이 주님의 은혜였다. 교회 지체의 권유로 기도부터 했고, 기도한 지 얼마

되지 않아 학기 중에 기존의 선생님이 그만두는 일이 있어서 바로 수업을 시작했다.

천사 같은 아이들의 얼굴이 떠오르며 도저히 헤어질 용기가 나지 않았다. 아이들에 대한 사랑이 내 욕심인지 주님이 주시는 감동인지 도통 알 수가 없었지만 이 땅에서 허락받은 시간까지 아이들에게 가고 싶었다.

'주님, 제 욕심이면 완전히 없애주시고 기회를 주실 거면 수업을 허락해주세요.'

그리고 교감 선생님에게 솔직한 상황을 말했다.

"제가 몸 상태가 안 좋아서 앞으로는 최소한 한 달에 한 번 정도는 수업을 못할 것 같아요. 하지만 그만두고 싶지 않고 아이들을 계속 보고 싶습니다."

교감 선생님이 흔쾌히 그렇게 하라고 하셔서 너무 감사했다. 이후 나는 또다시 주님의 기적을 체험했다. 주님과 깊은 교제 가운데 모든 부작용이 사라져 수업에 빠지지 않도록 인도해주셨다.

다시 아이들 이름을 하나하나 부르며 기도하면서 주님이 인연을 맺어주신 뜻에 순종할 수 있었다. 교회에 다닌다고 해도 반드시 점검해야 하는 예수님의 주 되심에 대해 아이들에게 계속 알려줄 수 있음에 감사가 넘쳤다.

겨울방학 전에 아이들에게 편지를 쓰다 보니 처음 만났을 당시 1학년이던 아이들이 6학년이 될 때까지 수업하도록 허락하신 주님의 은혜가 너무나 감격스러웠다.

아이들이 사랑스러워서 사랑했을 뿐인데 나는 아이들뿐 아니라 학부모님에게도 사랑을 듬뿍 받았다. 일주일에 고작 한 번 하는 악기 수업이지만 그 시간을 기다리는 아이들을 보며 깨달았다. 사랑하면 다 된다는 것. 그리고 그 사랑은 내 감정으로 하는 게 아니라 주 뜻대로 하는 사랑이어야 함을.

수업에 전혀 참여하지 않던 아이에게 관심과 사랑을 쏟자 아이가 회복되는 것도 보게 하셨고, 아이의 변화로 하나님의 마음을 더 깊이 깨달은 어머니의 고백도 듣게 하셨다.

나는 해마다 아이들을 새로 맞이하면서 거창한 일을 꿈꾸지 않았다. 내가 할 일은 그들의 진짜 주인을 알려주는 것과 예수님이 사랑하시는 아이들을 주님의 눈으로 바라보며 기도로 섬겨주는 것, 그것만 잘하면 되었다.

3부

죽음 너머를

바라봅니다

01

천국 소망이

낳은 기적

지금 내가
가야 할 길

암 재발 후 2차 항암을 시작한 지 일주일째, 항암 내내
39도에 가까운 고열과 35.6도까지 떨어지는 저체온증을
반복했다. 솔직히 너무 어지러워서 절로 눕게 되는 시간이
늘어나고 체력이 떨어짐을 느꼈다. 하지만 복음을 전하는
순간만큼은 놀랍게 회복되었다. 또한 주님이 사역지로 주
신 수업들을 늘려주시며 담대함을 부어주셨다.

주말에 교회에서 지체들을 만나고 토요 찬양예배를 드릴
때면 언제 그랬냐는 듯이 몸에서 에너지가 마구 솟아났다.

예배는 아주 늦은 시간까지 이어졌고, 토요일까지도 정상적이지 않던 내 체온은 신기하게도 주일 아침만 되면 순식간에 정상으로 돌아왔다.

처음 경험하는 건 아니었다. 2013년 이 교회에 처음 왔을 때도 나는 항암 중이었다. 보통 열이 오르면 패혈증까지 올 수 있기에 응급실에 가야 했고, 결국 입원하는 게 수순이었다. 그러면 교회에 가지 못할까 봐 열이 펄펄 끓어도 '내 몸 아니고 주님 몸이니까 알아서 해주세요'라고 기도하며 교회로 갔다. 그때마다 체온이 정상으로 돌아왔고, 힘이 솟았다. 이후 지금까지 내 몸은 교회에 가면 정상 체온이 되는 게 당연한 일이 되었다.

3차 항암 후에 검사를 하고 다음 치료 여부를 결정한다고 했다. 항암이 잘 들으면 똑같은 치료를 반복하고, 아니면 약을 바꿀 예정이었다. 쓸 수 있는 약이 많이 남아있지 않다고 했다.

보이는 상황은 희망이 없었다. 하지만 주님은 병약한 모습을 없애주시며 주님의 일에 집중하도록 자꾸 기회를 주셨다. 암 환자 같지 않은 얼굴로 말씀을 전하니 만나는 사람마다 신기해하며 경청했다.

내 몸이 주님의 것이니 얼마나 살맛 나는지! 부활하신 예수님 덕분에 얼마나 많은 것을 누릴 수 있는지 모른다. 모든 것이 감사하다.

한번은 작은교회에 갈 때 아침부터 구토를 해서 컨디션이 안 좋았는데, 찬송가를 부르자마자 모든 증상이 사라졌다. 주님은 찬양을 기쁘게 받으시고, 그날 늦은 새벽에 꼭 참석해야 했던 장례식장까지 무리 없이 인도하셨다.

이전에 복음을 전했던 연골암 말기 환자의 장례식이었다. 그는 하나님께 벌을 받았다고 스스로 자책했는데 내가 복음을 전하자 어린아이처럼 예수님의 부활을 기뻐했다. 그가 예수님을 주인으로 믿지 않은 죄를 즉시로 회개하고 예수님을 영접한 다음 날, 장기가 모두 막혀서 응급실에 실려갔다고 했다.

그는 주님을 만난 기쁨의 에너지로 충만하여 장기가 막힘과 관계없이 잘 먹고 잘 배설한다는 소식을 전하며, 침대에 꼼짝없이 누워있으면서도 많은 이들에게 복음을 전한다고 했다. 어느 전도사님이 오히려 그에게 복음을 전해 듣고는, 내게 암 환자를 만나달라고 연락할 정도였다.

나를 반갑게 맞아주시던 그의 누님은 동생을 통해 천국을 확신하게 되었다고 고마워했다. 동생은 떠나기 전에 눈에 천국이 선명하게 보인다면서 "누나는 모르지?"라고 했다고 한다. 임종 직전에 나를 많이 보고 싶어 했는데, 내가 먼 길을 무작정 달려올까 봐 연락을 안 했다고 했다.

마지막 순간까지 복음의 열정을 보인 그의 임종 이야기를 들으며 가슴이 벅찼다. 또한 병든 몸과 관계없이 복음을 더 열심히 전해야겠다는 생각이 들었다. 천국에 가서 우리가 다시 만날 때 서로 얼마나 기쁠지 상상만 해도 설렌다.

대부분의 사람들은 잘 사는 것만 중요하다고 착각하며 산다. 그들에게 잘 죽는 게 정말 중요함을 알려야 하기에 나는 복음을 전하는 발걸음을 멈출 수 없다.

내게 시간이 얼마나 남았는지 알 수 없지만, 내가 가야 할 길이 선명하게 보인다. 보이는 것은 잠깐이요, 보이지 않는 것은 영원하니 오직 천국 문을 향해 나아갈 것이다. 천국 문을 쭈뼛거리며 들어가고 싶지 않다. 가슴을 펴고 당당하게 "예수님, 정말 보고 싶었어요. 저 보니까 기쁘시죠?" 하며 주님의 품에 와락 안기고 싶다. 주님을 뜨겁게 사랑만 하다가 가고 싶다.

보이는 현상에 속지 않고 육체의 시간이 다할 때까지 인도해주시는 그 길을 걷고 싶다. 이 땅에서 주어진 모든 순

간을 오직 예수님으로 채우고, 그분 앞에 떳떳하게 서기를
소망한다.

> 그러므로 사랑하는 자들아
> 너희가 이것을 바라보나니
> 주 앞에서 점도 없고 흠도 없이
> 평강 가운데서 나타나기를 힘쓰라
> 벧후 3:14

기적은
계속된다

한번은 유방암이 재발하여 간과 폐로 전이된 사모님을
찾아뵈었다. 그녀는 복음을 들은 후 "제가 목사의 아내임
에도 예수를 주로 믿지 않았던 죄를 회개해본 적이 없습니
다. 영접기도를 다시 하고 싶습니다"라고 고백했다. 우리
는 로마서 10장 9절 말씀을 선포하며 전심으로 기도했다.

"네가 만일 네 입으로 예수를 주로 시인하며 또 하나님
께서 그를 죽은 자 가운데서 살리신 것을 네 마음에 믿으면

구원을 받으리라!"

그러자 사모님의 구토 증세가 멈추며 입에도 대지 못하던 음식을 즉시 드셨다. 그뿐 아니라 모든 부작용에서 해방되더니 일주일 만에 폐에 찼던 물이 빠지고 암이 사라지는 기적을 경험했다. 비록 지금은 재발하여 항암 중이지만 사모님은 매일 주님을 찬양하며 내게 소식을 전하신다.

그 외에도 하나님은 내가 수많은 자리에서 쉬지 않고 복음을 전하게 하셨다. 공동체의 중보기도에 힘입어 매번 똑같은 부활 복음을 선포하며 내 영도 함께 살아나는 기적을 매일 경험케 하셨다.

이미 죽은 목숨인 나를 주님이 다시 살리셨다. '주님, 제게 암은 선물입니다'라고 고백했더니 그것과 비교할 수 없는 천국이라는 선물을 안겨주셔서 더없이 감사했다. 오직 위의 것을 바라보며 진정한 내 미래를 꿈꾼다.

가족 구원은
하나님께 있다

다른 이들의 구원을 위해 뛰어다니다가도 내 가족을 생

각하면 마음이 너무나 아팠다. 어느 주일, 예배를 드리는 가운데 하나님께서는 가족을 진심으로 사랑하지 않는 내 중심을 파헤치셨다.

나는 눈물로 하나님께 사죄드리며 다음 이 시간까지 부모님께 사과도 드리고 사랑을 표현하겠노라고 약속드렸다. 집에 오자마자 곧바로 실천하려 했지만, 민망하고 어색해서 하루하루 미뤘다.

그러던 어느 날, 집에 돌아오자마자 기도를 드리고 심호흡한 후에 먼저 엄마 앞에 섰다. 어리둥절한 엄마의 손을 끌어 아빠 옆에 앉혀드리고 아무 말 없이 그 앞에 무릎을 꿇었다.

"주일예배를 드리는데 하나님께서 내가 너무 잘못했다고 책망하셨어요. 엄마 아빠한테는 굳이 내 마음을 표현하지 않아도 다 알 거라고 생각한 게 잘못이라고, 말로 표현해야 한다고 하셨어요. 사실 내가 아픈데도 하나님을 찾지 않는 두 분이 원망스러워서 깊이 사랑하지 못했어요. 그래서 나쁜 말도 많이 했어요. 내가 다 잘못했어요.

앞으로는 어떤 말과 행동을 하시든 사랑하고 존중할게요. 내가 예수님을 영접하고 천국이 있다는 사실이 명확해지니까 다른 건 몰라도 엄마와 아빠를 꼭 천국에서 만나고 싶을 뿐이에요. 그래서 마음이 조급했어요.

내게 어떤 것도 해줄 필요 없으니 제발 교회만 같이 다녀주세요. 유일한 소원이에요. 아빠와 엄마 그리고 나, 우리 중 누가 먼저 하늘나라에 가든지 함께할 시간이 별로 없잖아요. 다른 건 내가 다 잘할게요. 주님을 만나주세요."

입을 열기까지는 힘들었는데 막상 말하고 보니 아무것도 아니었다. 부모님은 진지하게 내 말을 들어주시며 눈물을 보이셨다. 특히 아빠는 본인도 정말 믿고 싶다고 하셨다. 그동안 나름대로 나를 위해 어떻게 노력했는지, 네 번의 교회 방문이 얼마나 힘들었는지 털어놓으셨다.

"왜 꼭 네가 다니는 교회에만 하나님이 계신 것처럼 얘기하는지 모르겠다."

나는 맥은 빠졌지만 답답하거나 분이 올라오지 않았다. 그래서 담담하게 말했다.

"하나님은 어디나 계시지만, 하나님이 진정으로 원하시는 것은 우리와 일대일로 만나는 거예요. 정 마음이 내키지 않으시면 강요하지 않을게요. 주님을 만나는 게 중요한 거니까 우선 〈오직 주만이〉(간증 프로그램) 영상을 하루에 하나씩만 보셨으면 좋겠어요.

영상을 보고 주님을 만났다는 사람들이 세계 곳곳에서

나오는 데는 분명 이유가 있을 거예요. 아빠도 영상을 보시는 동안 주님을 만날 수도 있으니 다 보신 이후 결정은 마음을 다해 존중해드릴게요."

다음 날, 아빠는 간증을 보시겠다고 하며 평상시와 달리 교회에 가는 나를 기쁘게 배웅해주셨다. 집을 나서는데 정말 기쁘고 홀가분했다. 비로소 마음의 체중이 내려가는 기분이었다. 기쁨과 소망을 가득 안고 도착한 교회, 목사님이 해주시는 말씀이 꿀송이처럼 달게만 들렸다.

나는 "진리가 너희를 자유케 하리라"라는 말씀의 능력이 삶에 고스란히 드러나는 복된 한 주를 누렸다. 우리 집은 따뜻한 기운과 사랑의 대화가 가득해졌고, 서로를 배려하는 놀라운 일들이 이어졌다. 복음을 전하는 발걸음 역시 가벼웠고 막힌 응어리가 풀리는 듯 진전도 보였다.

모든 문제의 해답은 내 안의 주님께 있으니 감사하고 또 감사했다. 이제껏 내 그릇을 비우지 않고 자꾸 채우며 주님께서 일하시지 못하도록 한 것을 회개했다.

가족 구원 역시 주님께서 다 하실 것이다. 초조한 마음에 믿음을 강요하는 대신 성령의 강권하심을 구하며 다른 영혼을 향한 긍휼함과 같은 마음으로 소중하게 대하며 사랑으로 다가가야 함을 깨달았다.

깨달음의 끝에는 늘 부활하신 예수님이 서 계셨다. 내 생각이 주님의 말씀보다 위에 있거나 하나님이 주신 최고의 무기인 사랑을 놓친 건 곧 부활을 놓친 것이었다.

모든 것의 첫 단추인 부활. 오늘도 나는 부활하신 예수님과 동행하고 있는지 스스로 점검하고 성령으로 인도받는 참된 그리스도인이 되기를 기도한다.

네 마음을 다하고 목숨을 다하고 뜻을 다하여

주 너의 하나님을 사랑하라 하셨으니

이것이 크고 첫째 되는 계명이요

둘째도 그와 같으니

네 이웃을 네 자신 같이 사랑하라 하셨으니

마 22:37-39

네가 네 하나님 여호와의 말씀을 삼가 듣고

내가 오늘 네게 명령하는

그의 모든 명령을 지켜 행하면

네 하나님 여호와께서

너를 세계 모든 민족 위에 뛰어나게 하실 것이라

신 28:1

내 죄가
채찍이 되어

어느 날 예배 중에 주기철 목사님의 영상을 보며 마지막 선택의 순간에 선 내 모습을 그려보았다.

'과연 나는 고난의 순간에도 주님을 위해 순교하고자 하는 마음이 지금처럼 담대할 수 있을까?'

통증이 극심해서 잠 못 들고 사시나무 떨듯 떨었던 순간이 떠올랐다. 그때 내가 한 기도는 고작 '오늘은 안 돼요! 제발 내일 불러주세요'였다. 처음 시한부 선고를 받고 '예수님, 보고 싶어요. 빨리 천국으로 불러주세요'라고 했던 마음은 온데간데없었다.

주님을 목숨 바쳐 사랑하지 않고, 주님의 일보다 내 유익을 우선시했다. 나중에 주님 앞에 똑바로 서지 못할 것 같아서 너무 두려웠다. 나는 기도했다.

'매일 제 안에 계신 주님한테 푹 빠져 그 사랑의 힘으로 모든 죄에서 벗어나게 하소서. 신실하신 주님을 믿고 마지막 순간에 담대하게 하소서. 말씀과 기도와 섬김의 종으로서 나의 십자가를 지고 주님의 뒤를 묵묵히 따라가겠습니다.

부활하신 예수님, 넘어진 자리에서 다시 일어나 뛰어가라 하시는 말씀에 순종합니다. 부족한 저를 부르시기까지 오랜 시간 기다려주신 주님, 넘어져도 반드시 일으키시는 주님처럼 일흔 번씩 일곱 번 용서하며 예수님을 닮아가겠습니다.

제 연약함을 아시는 주님, 도우소서. 성령 충만한 삶으로 이끄소서. 지극히 작은 것 하나부터 충성하는 자가 되겠습니다. 예수님 당신을 진심으로 사랑합니다. 나의 주 나의 하나님, 죄와 피 흘리기까지 싸우겠습니다.'

나는 그동안 영화 〈패션 오브 크라이스트〉 중 예수님이 십자가형을 당하시는 장면이 나올 때마다 너무 무서워서 애써 외면했다.

믿기 전에는 나와 관계없는 일이기에 관심조차 없었는데, 영접 후에는 사랑하는 예수님이 내 죄 때문에 당하시는 고통을 보고 싶지 않았다. 그런데 수요 새벽 말씀을 보며 내가 단지 예수님이 십자가에서 어떻게 돌아가셨는지 인지하는 수준이었음을 알았다. 또 내 내면 깊숙한 곳에서 예수님의 십자가형을 외면해온 진짜 이유도 알게 되었다.

처음에는 예수님이 겪으신 그 처절한 고통을 상상하며

'사람이 이렇게도 잔인하다니!'라고만 생각했다. 그런데 서서히 '그 잔인한 자가 바로 나였구나. 내가 예수님을 죽도록 때리던 자구나'라고 깨달아지자 그대로 고꾸라졌다.

지금껏 내가 죄와 피 흘리기까지 싸웠다고 생각한 부분들은 모두 다 가짜였다. 내 의가 조금이라도 드러날 때마다 그것이 채찍이 되어 예수님을 치고 있었다.

'예수님의 살갗을 찢고 멍들게 했던 채찍에 달린 크고 작은 구슬들이 내 크고 작은 죄였다니!'

나는 감히 죄송하다는 말조차 할 수 없었다.

예수님은 쓸개 탄 포도주를 거부하셨다. 나는 암 환자들이 고통을 이기지 못해 마약류의 진통제를 놔달라고 떼쓰는 걸 수도 없이 봐왔다. 반면에 예수님은 이미 너덜너덜해진 몸으로 그 달콤한 유혹을 거부하셨다. 그 마음이 어떠셨을까?

그냥 '그랬구나…' 하고 가볍게 넘길 대목이 아니다. 예수님의 사명은 우리를 구원하시기 위함이었고, 그러기 위해서는 우리 죄를 대신 짊어지셔야 했기에 그 고통을 온전히 다 받으셨다. 예수님은 밤낮없이 이어졌을 그 고통스러운 순간을 죄 많은 우리, 아니 나를 위해 감당하셨다. 끝내 나를 지켜내셨다.

사람의 몸을 입고 도무지 감당할 수 없는 일들을 다 해내신 주님 앞에서 사사로운 문제와 감정에 힘들어했던 과거가 떠올랐다. 마음 깊숙이 감추어둔 죄의 씨앗과 티끌만 한 염려들. 나는 여전히 죄 지을 여지를 품고 있었다. 예수님을 만나고 천국 소망으로 가득 차서 숨겨두었는지도 모르는 죄들.

'머리털까지도 세시는 주님이 내 안에 숨겨둔 더러운 것들을 너무나 잘 알고 계셔서 오늘도 말씀의 빛을 비추시는구나.'

예수님을 영접하자마자 주님은 내게 사랑의 공동체를 향한 눈을 열어주셨다. 그 전에는 내게 주님의 사랑을 전해준 공동체가 마귀로 보였는데, 눈이 뜨이자 한 명 한 명이 천사로 보였다. 성령님은 그들이 내 하늘 가족이라고 알려주셨다.

이 개월가량 섬겼던 우사교회(우사를 개조한 교회)가 없어질 때, 비록 짧은 시간 다녔던 건물이 없어지는 것일 뿐인데 마치 내 전부가 사라지는 듯한 상실감을 느꼈다. 내게 교회는 집이요, 지체들은 가족이었기 때문이다.

그러다 어느 순간부터 교회를 무너뜨릴 것 같은 지체들의 실수를 보면 옛 자아의 습성을 따라 늘 염려했다. 염려는 분노로 이어졌는데, 처음에는 문제를 일으킨 당사자를 탓하다가 내 의가 발동하여 그들을 판단하고 정죄했다.

주님이 나를 보며 얼마나 불안하셨을까? 십자가의 진정한 의미를 깨달으며 내 이런 행동이 주님을 또다시 고통스럽게 했음을 알았다.

부활하신 주님 앞에 선 자만이 십자가의 의미를 깨달을수 있다. 귀한 복음 앞에서 죄와 피 흘리기까지 싸워 주님의 생명책에 기록될 자격이 있는 자로 살아갈 것이다.

그러므로 누구든지 이런 것에서
자기를 깨끗하게 하면
귀히 쓰는 그릇이 되어
거룩하고 주인의 쓰심에 합당하며
모든 선한 일에 준비함이 되리라

딤후 2:21

새 뼈가
자라나다

밤마다 찾아오는 통증이 더는 큰일이 아니었다. 통증 때문에 잠에서 깨면 곧장 기도했다.

'주님, 너무 아파요. 내일 주님이 예비하신 영혼을 만나러 가는데 잠을 못 자면 주님만 손해예요. 빨리 좀 재워주세요.'

너무 아파서 아무 생각도 나지 않으면 '하나님, 쫌!!' 하면서 기도했다. 짧게는 오 분, 길게는 밤을 꼬박 새우기도 했다. 응답이 늦어지는 날은 찬양을 듣고 성령 충만을 구하며 진통제를 복용하는 대신 기도로 주님께 맡겨드렸다.

하루는 복음을 전하러 간 곳에서 불신자들의 영접기도를 앞둔 순간, 식은땀이 나며 통증이 밀려왔다. 영혼 구원을 방해하는 악한 세력의 역사라는 생각에 대적 기도를 하며, 주님의 보호하심을 구했다. 놀랍게도 영접기도가 끝나자마자 통증이 거짓말처럼 사라졌다.

통증은 악한 영이 내 마음을 두렵게 하려고 주는 것임을 알았다. 그 후부터 통증이 올 때마다 악한 세력을 물리치는 기도를 더해갔다.

2016년 1월, 의사가 암이 폐와 기도에 번지고, 무릎뼈에도 보인다며 뼈에서 장기까지 전이된 상태라 상황이 좋지 않다고 했다.

'이제 곧 주님을 만날 수도 있겠구나. 그분 앞에 섰을 때 지금 내 말과 행동에 후회되는 일이 없도록 해야겠다. 얼마 남지 않은 시간 동안 주의 일에 더욱 힘써야겠다.'

기도로 통증에 맞서니 두려움은 없었다.

'주님이 마지막으로 외치고 오라고 하시나 보네요. 간증 집회 때 망설임 없이 부활을 증거하겠습니다. 암 환자들을 향한 발걸음도 멈추지 않겠습니다.'

예수님을 믿기 전, 나는 '부활'이라는 말이 이상하리만큼 싫었다. 그래서일까, 전도할 때 자꾸 그 단어를 돌려 말하곤 했다. 그러면 주님은 '정은아, 나 살아있잖니…'라며 세미한 음성으로 속삭이셨다. 내가 어떤 문제와 씨름하며 부르짖으면 '정은아, 나는 너만 본다'라고 하시며 다시 주님께로 시선을 고정시켜주셨다.

'아! 예수님이 부활하셨지. 살아계신 예수님이 다 보고 계시는데 왜 또 혼자 머리를 싸매고 있었지?'

나는 주님의 선명한 음성 덕분에 회개의 자리로 나아갈 수 있었다. 담임목사님은 예배 때마다 부활하신 예수님을 목이 터져라 강조하셨다. 부활에 거부감을 가졌던 나는 마침내 내 생각이 아니라 부활을 전해야겠다고 결심했다.

'예수님의 열두 제자가 끝까지 부활 복음을 전했듯 저도 같은 길을 걷겠습니다!'

내 믿음의 원천은 오직 부활이다. 부활이 믿어지니 십자가와도 짙은 관계가 생겼다. 무엇보다 내 신분을 정확하게 깨닫고 진짜와 가짜를 분별할 수 있었다. 머리가 아닌 가슴으로 부활을 전하자 몸에 힘이 넘쳤고, 복음을 전할 때도 상대의 영혼 없는 눈동자가 점점 살아나는 게 보였다.

사람이 맞닥뜨리는 가장 큰 문제가 죽음이어서일까? 2016년에 들어서면서 간증 집회 초청이 끊이지 않았다. 시간이 얼마 남지 않았다는 사실이 나를 더욱 담대하게 했다. 부활 자체를 전하며 주님을 기쁘시게 해드리고 싶었다. 마음을 다잡고 강대상에 올라 기도했다.

'주님, 사람들의 눈치 보지 않고 오직 부활만 외치다 내려오겠습니다. 주님이 집회를 이끌어주세요.'

나는 짧게 기도하고 입을 열어 선포했다.

"주님은 지금까지 제게 '복음은 오직 부활'임을 알려주셨습니다. 제가 오늘 많은 이야기를 할 텐데, 그중에서 오직 부활만 기억해주시기 바랍니다."

놀랍게도 이후 한 주도 빠짐없이 집회 제의가 들어왔다. 예전에는 내 모습을 의식했었다. 하지만 죽음을 앞두고 간증 자리에 서니, 곧 만날 주님이 기뻐하시는 집회가 되도록 기도하며 내 모습을 전혀 의식하지 않게 되었다. 그러자 집회의 모든 순서를 주님이 이끌어가셨다. 부활을 외치면 외칠수록 내 몸과 마음이 더욱 뜨거워졌다.

잠자는 시간도 아까울 만큼 바쁜 일상을 보내며 주님의 부르심에 대비하던 어느 날, 의사가 척추의 암이 더 커졌다며 일주일 뒤에 다시 오라고 했다.

'아, 정말 시간이 얼마 남지 않았구나.'

그런데 일주일 후 의사는 암이 아니라 '새 뼈'가 보인다고 했다. 당시 나는 폐에 전이된 암을 치료하고 있었고, 뼈에 암이 있으면 뼈가 부식되면서 무너진다고만 들었기에 의사의 말이 잘 이해되지 않았다.

뼈 사진을 보자 암이 갉아먹은 자리에 새 뼈가 하얗고 촘촘히 메워져 있었다. 중간에 새 뼈가 자랄 수도 있냐는 질문에 선생님은 그저 웃으며 축하해주셨다. 인간의 머리로 이해할 수 없는 현상이었다. 얼마 전에 통증이 기적처럼 사라진 것과 같이 주님이 베푸신 은혜라고밖에는 설명할 길이 없었다.

밥 먹을 시간도 없이 바쁘게 뛰어다니며 부활 복음을 전했을 뿐인데, 내 입으로 외친 복음이 내 귀로 들어가서 내 몸도 덩달아 건강해진 것 같았다. 진통제며 각종 약도 챙겨 먹지 못했는데 통증이 전혀 없었다.

문득 중보해주신 담임목사님이 떠올랐다. 얼굴을 뵙고 싶어서 곧장 달려가자, 목사님과 사모님은 내 소식을 듣고 무척 기뻐하셨다.

이후 간증 집회를 다니는 중에 오른쪽 골반에서도 새 뼈가 자라났다(후에 뼈에 다시 암이 번져서 경추까지 올라갔지만 새로 자란 뼈들은 그 자리에 그대로 있다).

집회 중에도 주님은 선물을 주시듯 새로운 암 환자들을 계속 만나게 하셨다.

02

생명의 주권은

오직 주께

눈동자로
아멘을 외치다

한번은 전주에서 열리는 집회에 가는데, 평소 친분이 있던 권사님에게서 연락이 왔다. 뇌졸중으로 전신마비가 와서 십 년 넘게 요양병원에 입원 중인 한 환자에게 가달라고 부탁했다. 나는 집회를 마치고 가보았다.

환자는 숟가락을 쥐어주면 부들부들 떨면서 천천히 입까지 옮길 수 있는 손과 눈동자 외에는 온몸이 굳어있었다. 하나부터 열까지 돌봄이 필요한 상태인 그는 말은 당연히 못하고 눈으로 모든 표현을 했다.

내가 "춘천한마음교회에서 온 천정은이에요"라고 소개하자 나를 무섭게 쏘아보더니 눈을 질끈 감아버렸다. 기독교에 격한 반감이 있는 걸 보니 이미 많은 크리스천이 다녀갔음을 짐작할 수 있었다.

"잠시만 말씀을 나누고 싶어요."

내가 간곡히 말하자 부인이 그를 억지로 일으켜 휠체어에 태워 나와 마주 앉혀주었다.

"아버님을 괴롭히려고 온 게 아니에요. 저는 말기암 환자인데요, 예수님을 믿고 기적도 체험하고 여기 이 자리까지 오게 되었어요. 하나님이 안 계시다면 상관없지만, 하나님이 계시면 천국과 지옥도 있다는 것이니 한번 알아보셔야 하지 않겠어요? 하나님이 살아계시다는 증거가 있어요!"

나는 하던 대로 고린도전서와 요한복음 말씀을 통해 부활과 재림을 전했다. 그리고 이 세상이 끝이 아님도 말했다. 그러자 환자의 질끈 감았던 눈에 힘이 풀리며 눈이 점점 커졌다. 복음에 반응한 눈동자는 크게 요동쳤다.

분명 그의 마음에 변화가 일어나는 듯했다. 충격이 가득한 그의 눈에서 내가 주님을 영접했을 당시의 감정이 고스란히 느껴졌다.

지금껏 그는 가슴에 비수 꽂는 말을 많이 들었을 것이

다. 복음을 제대로 이해하지 못한 상태에서 죄 때문에 병에 걸렸다는 말에 상처받았을 테고, 무조건 예수 믿고 교회에 가야 한다는 강요에 반발심만 잔뜩 생겼을 수도 있다.

나는 세상을 향한 억울함과 불만만 가득하던 그의 눈동자에 경이로운 충격이 차오르는 걸 보며, 드디어 중요한 순간이 왔음을 직감했다. 고린도전서 15장 11절을 인용해서 나는 복음을 전하는 전달자일 뿐이며, 사도행전 17장 30,31절로 하나님이 모든 사람에게 '예수의 부활'이라는 믿을 만한 증거를 주셨다고 말했다.

마지막 날 심판자로 다시 오실 예수님이 이천 년 전 이 땅에 오신 진짜 목적은 우리의 주인이 되어주시기 위함이며, 요한복음 16장 9절로 천국의 열쇠이신 그분을 만나려면 내가 주인이었던 죄를 회개해야 한다고 했다.

또한 그가 인생을 잘못 살았거나 죄로 인해 벌을 받은 게 아니며, 정말 중요한 건 예수를 주인으로 섬기지 않았던 죄를 해결 받고 천국에 가는 거라고 했다. 이 비참한 시간 너머 펼쳐질 새 삶을 위해 주님을 영접하는 것이 가장 시급하다고 강조하며 그의 선택을 물었다.

네가 만일 네 입으로 예수를 주로 시인하며

또 하나님께서 그를 죽은 자 가운데서 살리신 것을
네 마음에 믿으면 구원을 받으리라

롬 10:9

"로마서 10장 9절의 고백을 기다리시는 예수님을 영접하시겠어요?"

그는 눈을 깜빡이며 그러겠다고 대답했다.

나는 그의 손을 잡고 간절히 영접기도를 드렸다. 마지막 아멘의 순간, 그가 마음으로 '아멘! 아멘!'을 따라 외치는 소리가 들리는 듯했다. '아멘!' 할 때마다 가슴에 큰 진동이 느껴졌다. 몸의 울림이 전해지자 눈물이 쏟아졌다.

"이제 아버님 안에 성령님이 들어오셨어요. 사도행전 2장 38절에 베드로가 '너희가 회개하여 각각 예수 그리스도의 이름으로 세례를 받고 죄 사함을 받으라 그리하면 성령의 선물을 받으리니'라고 말해요.

그동안 말 못하고 못 움직여서 답답하셨을 텐데 앞으로는 사람에게 기대지 말고 성령님에게 다 말씀드리세요. 우리는 지금 병들고 늙어가는 육체를 입고 있지만 천국에서는 부활체를 입을 거예요. 그러니 천국 소망을 붙들고 마음을 잘 지키세요."

서울로 돌아온 후 그의 아내에게 연락이 와서는, 내가 준 부활 교재를 더 구할 수 있냐고 물었다. 병실에 이단 전도자들이 많이 오는데, 책을 가지고 환자들에게 내가 한 것처럼 복음을 전하고 싶다고 했다.

며칠 후, 나는 지방 간증 집회에 가는 길에 교재를 깜짝 선물로 직접 갖다주려고 전주에 들렀다. 병원 복도에 휠체어를 탄 채 앉아있던 환자는 연락도 없이 나타난 나를 멀리서부터 알아보았다.

내가 다가가는 동안 그의 눈동자는 마치 경이로운 무언가를 본 듯한 감격으로 가득했다. 눈물이 그렁그렁한 눈동자에 사랑이 담겨있었다. 입술을 힘겹게 들썩거려서 유심히 관찰했더니 미세한 움직임으로 "고마워"를 반복하고 있었다.

지난 방문 이후, 그가 주님과 깊이 만나고 있다는 확신이 들었다. 한참 동안 내 손을 붙들고 있는 그를 위해 기도하고 작별 인사를 했다.

수개월이 지나 그에게 시간이 얼마 남지 않았다는 소식을 듣고 전주로 달려갔다. 그가 나를 보자마자 몹시 반가워하더니 갑자기 말을 했다. 어느 순간부턴가 입술이 움직이고 목소리가 나오기 시작했다고 했다. 말뿐 아니라 찬송도 곧잘 하는 그를 보며 하나님의 신실하심에 감격했다. 그는 내가 다녀간 지 얼마 후에 주님의 부르심을 받았다.

주님은 계속해서 내 간증을 기쁘게 받으시고 잃어버린 영혼들을 통해 화답하셨다. 나는 성령님으로 충만하게 인도받으며 주님이 주시는 선물을 기다린다.

마지막 한 영혼까지

주님은 신실하시다. 나를 오래 기다려주시고 끝내 구원하신 그분은 모든 사람을 인내하시고 기다리신다. 그래서 다른 건 몰라도 영혼을 만나달라는 연락을 받으면 난 무조건 '예스'를 한다.

몸과 마음이 아픈 영혼에게 달려가는 일은 주님이 끝끝내 인도해주신다. 물론 기도부터 하지만, 아주 드물게 충분히 기도하지 않고 만남이 이루어지기도 한다.

영혼을 만나면 '내 의욕이 과했구나' 싶을 때도 있고 '주님의 놀라운 인도하심이구나' 깨달을 때도 있다. 어떤 경우라도 겸손히 나아가게 하시니 모든 만남이 은혜로 연결

된다. 하루는 오산침례교회에서 금요 철야예배 간증 집회 초청이 있었다. 그날은 마침 공주의 암 환자와 어렵게 잡은 선약이 있었기에 초청을 받을 때 갈등이 있었다.

많은 사람을 상대로 하는 게 더 중요할 것 같아서 집회를 선택하려고 했는데 천하보다 한 영혼이 귀하다는 말씀이 떠올랐다. 주님은 둘 다 중요하다고 하셨다. 주님이 일하시도록 시간을 잘 활용하면 되리라 믿고 둘 다 가기로 했다.

그런데 집회 전날, 천안에 사는 분이 유튜브에서 내 간증을 보고 연락을 해왔다. 그는 아들의 우울증 때문에 연락했다고 하며 아들을 한번 만나줄 수 있냐고 했다. 나는 본인이 복음을 듣고자 하면 언제든지 가능하다고 했다.

나는 무리한 일정임을 알았지만 주님이 하실 것이라는 믿음으로 그러겠다고 했다.

다음 날 아침 일찍 서둘러 나오는데 전화가 걸려왔다. 전라도 화순에 있는 말기암 환자가 위독하다는 연락이었다. 그는 같은 교회 성도의 가족으로, 전에 요양병원으로 만나러 갔다가 허탕을 치고 다시 약속을 잡기로 한 형제였다. 그는 심폐소생술을 받고 겨우 안정된 상태였다. 나는 화순까지 가기가 어려워서 기도하겠다고만 했다.

수화기 너머로 그 형제의 목소리를 들은 게 다였지만 기도하며 만남을 고대했었다. 그래서 '주님, 이 형제는 제 몫이 아니군요…'라고 생각하며 공주로 향하는 내내 마음이 착잡했다. 그런데 이상하게 가도 가도 공주가 나오지 않았다.

공주에 한 번도 가본 적 없는 나는 천안에서 조금만 더 가면 될 거라고 생각하고 있었다. 그런데 도착해보니 공주는 전라도 근처였다. 순간, 나는 기도했다.

'아직 오전이고 화순까지 한 시간 반만 더 가면 되는데…. 주님, 부디 그 형제를 만날 시간을 허락해주세요!'

하지만 화순에 가면 천안의 우울증을 앓는 형제를 만날 시간은 없었다. 나는 다급히 전화로 양해를 구했다.

"정말 죄송한데, 우리 내일 만나면 안 될까요? 오늘이 고비인 분이 계셔서 아무래도 가봐야겠어요. 내일 제가 꼭 찾아뵙겠습니다."

"바쁘시면 제가 춘천 교회로 가도 됩니다."

"그렇게 해주시면 정말 감사하지요. 예배도 함께 드리면 더 좋겠네요!"

나는 속으로 '할렐루야! 주님, 감사합니다!'를 외쳤다. 주님이 더 좋은 결과로 인도해주셨다.

나는 공주에서의 만남을 잘 끝내고 화순으로 향했다.

오늘이 마지막 기회일지 모르는 환자가 어떻게든 올바른 선택을 해서 천국에 입성하기를 간절히 기도하며 갔다.

형제는 산소마스크에 의존하고 있었지만 정신이 또렷했다. 그는 의아한 눈빛으로 나를 빤히 바라보았다.

"제가 그때 편지 남기고 간 천정은이에요."

이내 나를 알아본 형제는 힘든 와중에도 반겨주며 산소마스크를 천천히 손으로 뗐다. 그의 첫마디가 놀라웠다.

"나 이제 죽는 거 하나도 안 무서워."

그의 눈동자는 공허했다. 오전에 한 차례 죽을 고비를 넘겼다더니 '이렇게 가나 보다' 하고 마음을 비운 듯했다. 나도 주사 쇼크가 왔을 때 비슷한 마음이었다. 나도 모르게 불쑥 말이 튀어나왔다.

"예수님을 믿으시면 다행이지만 안 믿으신다면 이제 정말 무서워하셔야 해요."

그가 나를 쳐다봤다. 나는 똑똑히 다시 말했다.

"천국과 지옥이 없으면 이렇게 가셔도 되지만, 예수님이 부활하셨기에 하나님이 살아계시고 천국과 지옥도 반드시 있습니다. 죽음 너머 세상이 있어요. 그러니까 이제 정말 큰일 난 거예요."

그러고는 늘 하던 대로 말씀으로 복음을 전했다. 복음

을 듣던 그가 갑자기 산소마스크를 확 벗으며 다급하게 물었다.

"나, 그럼 어떡하면 돼?"

그의 눈동자를 보자, 이미 주님이 그의 마음을 만져주셨음을 알 수 있었다. 나는 웃으며 산소마스크를 다시 씌워주었다.

"회개하고 예수님을 영접하면 돼요. 지금까지 형제님이 형제님의 몸과 인생의 주인으로 살았던 죄를 진심으로 회개하세요. 오늘 눈뜬 순간부터 지금까지 곰곰이 생각해보세요. 누가 주인이었나요?"

"나였어."

"그걸 회개하는 거예요. 남의 물건 멋대로 쓰고 돌려줄 때 사과도 안 하면 기분 나쁘잖아요. 마음대로 써서 죄송하다고 사과드리는 거예요, 진심으로! 하시겠어요?"

그는 하고 싶다며 영접기도도 따라 했다. 기도를 마치자 그가 환하게 웃었다.

"왜 이렇게 웃음이 나지?"

"당연해요. 복음은 기쁜 소식이니까요. 이제 주인이 바뀌었으니 형제님 안에 성령님이 들어오셨어요. 무섭거나 두려운 순간이 또 올 텐데 성령님께 다 얘기하세요. 저는 이제

안심이에요. 형제님이 오늘 가셔도 천국 가실 테니까요. 혹시라도 이번 주를 넘기시면 다음 주에 또 뵈러 올게요. 만약 못 넘기시면 천국에서 봬요."

우리는 천국에서 만나자며 웃으면서 헤어졌다. 그는 얼마 후, 평안한 모습으로 주님께 안겼다.

이 년이 훌쩍 넘은 어느 날, 그의 여동생에게서 감격스러운 이야기를 들었다. 내가 인사하고 나온 후, 오빠가 가족들에게 이런 고백을 했다고 한다.

"난 그동안 혼자였고, 너무 외로웠어. 그런데 이제 혼자가 아니야."

볼지어다 내가 세상 끝날까지 너희와 항상 함께 있으리라
마 28:20

주님은
포기하지 않으신다

2015년에 찾아간 한 암 환자의 머리맡에는 성모 마리아 상이 놓여있었다. 그녀는 암을 앓고 있었는데 병기가 그리

심각하지는 않았다.

종교를 논하러 간 게 아니라 오직 예수님만 전하고 회개할 죄를 알려주는 게 목적이었는데, 그날은 주님께 맡겨드리지도, 영혼에 온전히 집중하지도 못했다. 내 힘만 잔뜩 들어가서 결국 포기한 채 답답한 마음을 안고 돌아왔다. 내 몫이 아니라고 애써 합리화했지만 찝찝한 마음을 지울 수 없었다. 그 후로 시간이 흘러 바쁘게 지내며 그녀를 잊어버렸다.

일 년쯤 지난 어느 날, 한 목사님에게 연락이 왔다.

"자매님이 '암 환자를 전도하는 암 환자'라고 들었습니다. 제가 두 달째 찾아가는 암 환자가 있는데 혹시 도와주실 수 있나요?"

나는 흔쾌히 환자의 이름을 물었다. 그리고 그녀를 위해 기도하며 준비했다.

그녀를 만나는 날, 목사님과 요양병원 일 층에서 만나 상황을 전해 들었다. 목사님은 환자와 친분은 없지만 교인에게 사정을 듣고 두 달째 섬기고 있다며, 그녀가 천주교 신자라고 했다.

병실 안쪽 자리에 있던 환자와 내 눈이 마주치는 순간, 서로 깜짝 놀랐다. 나는 그녀를 바로 알아보았다. 지난해에 내 몫이 아니라고 포기했던 바로 그 환자였다.

순간 말할 수 없는 감정에 울컥했고 그녀의 눈에도 눈물이 고였다. 환자는 그새 상태가 악화되어 복수가 많이 차올라 있었다. 주님은 그녀를 한순간도 포기하지 않으셨는데, 나는 내 몫이 아니라고 변명하며 기도도 안 한 게 너무 죄스러웠다. 회개하는 마음으로 그녀에게 말했다.

"우리가 왜 다시 만났는지 아시겠지요?"

그녀가 고개를 끄덕였다. 나는 곧바로 사과했다.

"주님은 절대 포기하지 않으시는데 저는 자매님을 포기했었어요. 그동안 기도도 안 해서 성함을 듣고도 기억하지 못했어요. 정말 죄송합니다. 지난번에 못 다한 주님의 메시지를 전해드리고만 갈게요."

나는 성경을 찾아가며 그녀에게 말씀을 전했다.

여지없이 다가온 선택의 순간, 그녀는 이번에는 거절하지 않고 예수님을 진심으로 영접했다.

몇 개월 후, 그녀가 소천했다는 소식을 들었다. 기억에 남는 환자의 장례식장은 꼭 찾는데, 그녀의 장례 소식은 전달받지 못해 아쉬움으로 남았다. 그러나 그녀가 하나님 품에 안긴 그날의 감격은 잊지 못할 것 같다.

놀랍도록
평안하게

아는 권사님의 간곡한 부탁으로 림프암 말기 환자를 만났다. 겨우 시간을 내어 찾아간 첫 만남부터 여러 난관이 있었다. 그에게 난청이 있어서 힘겹게 대화를 나눈 후 본격적으로 말씀을 전하려는데 간호사가 검사를 받아야 한다며 데려가 버렸다.

이후 일정이 빠듯해서 다음 기회에 보려고 인사하고 나오는데, 기계에 문제가 생겼다며 환자가 병실로 돌아왔다. 분주했지만 다행히 상황이 잘 풀려서 그에게 말씀을 전할 수 있었다. 내 간절한 마음과 주변 사람들의 기도, 주님의 계획하심이 맞아떨어져서 그분은 전심으로 예수님을 마음에 모셔들였다.

얼마 후에 그가 소천했다는 연락을 받고 장례식장으로 달려갔다. 나는 도착하자마자 그의 마지막이 어땠는지 물었다. 평소 그의 아내는 남편이 천국에 못 갈까 봐, 마지막 순간이 괴로울까 봐 염려했다. 그녀가 담담하게 남편의 마지막을 전해주었다.

"남편이 떠나기 전에 '천 자매가 나한테 뭐라고 하느냐'

라고 물어서 함께 있던 권사님이 자매님에게 여러 번 전화했었어요. 그리고 숨을 거두기 직전까지 내게 '사랑한다, 평안하다'라고 말하며 요한복음 11장 25절 말씀을 붙잡았습니다."

그가 아무도 눈치 못 챌 정도로 평안하게 떠났다며 간호사가 이런 임종은 처음이라고 놀라워했다고 말했다. 그날 찍은 사진을 보여주었는데 그동안 얼마나 평안했는지 얼굴에 살이 올라서 이전과 전혀 다른 모습이었다. 주님과 행복한 나날을 보냈을 그를 생각하며, 가족의 부탁을 받아 장례예배를 인도했다.

나는 암 환자에게 '우리도 부활한다'라는 사실을 항상 인식시킨다. 죽는다는 건 막연히 외딴 세계로 떠나는 것과 차원이 다르다. 예수님이 누가복음 24장에서 직접 보여주신 천국의 몸을 생각하면, 당장 눈앞의 현실에 벌벌 떨 필요가 없다.

예수께서 이르시되 나는 부활이요 생명이니
나를 믿는 자는 죽어도 살겠고
무릇 살아서 나를 믿는 자는

영원히 죽지 아니하리니

이것을 네가 믿느냐

요 11:25,26

천국에서
만나요

온라인 금식기도를 함께하는 한 사모님이 유방암 재발
환자인 성도의 딸을 만나달라고 부탁하셨다. 나는 본인이
만나길 원할 때까지 기도하며 기다렸다.

수개월이 지난 후, 그 딸의 어머니에게서 연락이 왔다. 오
랜 기다림 끝의 만남이었다. 그녀는 스위스에 안락사 신청
을 해놓았다고 했다. 스스로 죽음을 선택한 사람이었기에
무척 조심스러웠다. 나는 병원에 도착해서도 당장 들어가
지 못하고 두 시간 정도 기도한 후에 그녀를 만나러 갔다.

마음을 다잡고 드디어 마주한 그녀는 너무나 젊고 예뻤
다. 차분하게 대화를 시작하자 자기는 '선데이 크리스천'이
라고 솔직하게 표현하는 모습이 인상적이었다.

나는 생명의 주권이 주님께 있는 이유를 예수님의 부활

사건을 통해 설명했다. 성경 말씀을 차례대로 알려주면서 믿는 것과 아는 것의 차이가 회개와 영접에 있음을 세 시간 넘게 이야기했다. 그녀는 예수님을 눈물 콧물로 영접했다.

그날 우리는 환하게 웃으며 헤어졌다. 그런데 얼마 후 그녀의 어머니가 딸이 스위스에 다시 가겠다고 한다며 연락을 해왔다. 그녀는 몸 상태가 악화되어 많이 예민해진 듯했다.

우연을 가장해서 그녀와 병원에서 다시 만났는데, 뇌에 암이 전이된 것 같아 의사의 판단과 관계없이 검사를 진행했다고 했다. 내가 그녀에게 물었다.

"암이 뇌에 가면 안 돼요?"

그러자 그녀가 의아한 표정을 지었다.

"아, 제 말을 오해하지는 마세요. 이제 내 몸의 주인이 예수님이시라고 고백했으니 그분이 알아서 하실 거예요. 그분의 영역을 침범하지 말자는 뜻이었어요."

생명의 주권은 오직 예수께 있으니 그분이 알아서 하시도록 해드리자고, 주님께 부르심 받는 과정이 조금 힘들 수도 있음을 각오하고 순종하자고도 말했다.

"우리가 신경 써야 할 건 오직 그분을 만나는 바로 그 순간이며 우리가 곧 입을 부활체를 소망하는 거예요. 성경에 모든 염려를 주께 맡겨드리고 항상 기뻐하고 범사에 감사하고 쉬지 말고 기도하라고 하셨으니 그대로 따르며 우리같이 믿음을 반드시 지켜내도록 해요."

그녀와 함께 기도하고 "예수는 나의 주!"를 함께 외친 다음 헤어지려는데 그녀가 내게 선물을 내밀었다. 정성이 가득한 손편지와 손수건이었다. 삐뚤빼뚤한 글씨체를 보며 어려운 가운데 한 글자 한 글자 써내려갔을 그녀의 마음이 느껴졌다.

이후 그녀는 스위스행을 완전히 접고, 주님께 온몸을 맡겨드렸다. 그녀가 호스피스 병원으로 옮겨간 후에 몇 차례 만났는데, 시간이 얼마 남지 않았음이 감지되는 상태인데도 나를 환하게 웃으며 맞아주었다.

가족들 앞에서 고통스러워하다가도 함께 "예수는 나의 주!"를 외치며 주님을 놓치지 않았다. 내가 그녀를 위해 해줄 수 있는 최선은 곧 그녀가 만나게 될 주님 앞에 바로 세우는 것이었다.

나는 그녀를 만날 때마다 "오늘이 우리가 만나는 마지막 날일 수도 있어요. 아마도 자매님이 저보다 더 먼저 주님 앞에 가게 될 거예요. 예쁜 부활체를 입을 거니까 우리 기쁘게 기도해요. 그리고 우리는 나중에 천국 열두 진주문

오른쪽 끝에서 꼭 만나요. 예수님을 오늘 만날 텐데 마음에 혹시 미워하는 사람이 있어요? 우리 함께 회개해요. 미워하지 않는 것만으로도 안 돼요. 사랑해야 해요."

그녀는 "그런 사람이 있어요"라고 하며 회개하고 사랑을 구하는 기도에 방긋 웃으며 "사랑할 수 있을 것 같아요"라고 했다. 그렇게 마지막까지 주님께 최선을 다했다.

"혹시 오늘 주님 못 만나면 내일 또 올게요."

이렇게 인사하고 헤어지곤 했는데 그날이 정말 금방 왔다. 주님은 내가 그녀와의 애틋한 만남에 끝까지 함께하게 해주고 싶으셨는지, 바쁜 일정 중에도 그녀의 장례 발인까지 하루도 빠짐없이 갈 수 있도록 허락하셨다.

그러므로 너희가 그리스도와 함께

다시 살리심을 받았으면 위의 것을 찾으라

거기는 그리스도께서 하나님 우편에

앉아계시느니라

골 3:1

03

날마다

부활합니다

나의 나 된 것은
하나님 은혜라

내가 만난 많은 암 환자가 천국에 갔고, 또 많은 암 환자의 영혼이 살아나고 있다. 나는 장례식장에 수도 없이 다니면서 가족들의 감사 인사를 받으며 복음의 놀라운 역사를 체험한다.

죽기 직전에도 웃는 사람, 악한 영을 보고 두려워하다가 영접과 동시에 편안해지는 사람, 죽어가다가도 회개와 동시에 병이 나은 사람 등 눈앞에서 말씀이 이루어지는 일들을 보면 신이 난다.

나는 복음을 전할 때 말씀을 한두 개 추가하거나 빼는 정도의 차이만 두고 교회에서 들은 것을 그대로 전한다. 사도행전 17장 30,31절의 '부활의 증거'로 시작해서 고린도전서 15장 3,4,17절, 요한복음 16장 9절과 14장 6절, 사도행전 2장 38절, 로마서 10장 9절과 14장 9절을 전한 다음에 사도행전 1장 22절로 마무리를 한다.

루게릭, 뇌졸중, 각종 희귀암, 말기암, 재발암 등으로 고통받던 이들이 죽음의 권세로부터 벗어나 부활 복음으로 일어서는 것을 보면 이 길을 차마 멈출 수가 없다. 주님이 암의 고통, 죽음의 두려움을 모두 멸하셨음을 믿을 때 말씀의 능력이 나타난다.

또한 예수님은 내 죽음과 통증 심지어 물질적 염려까지도 해결해주신다. 나는 주 되심의 고백으로 이 모든 것을 현재까지 경험했고, 앞으로도 그럴 것이다. 믿으면 이루어진다. 내 안의 성령님이 내 고백과 함께 오셨기에 의심은 당장 내려놓아야 한다.

나는 어떤 상황이 닥쳐와도 무조건 내가 틀렸다고 정하고, 오직 주님의 뜻을 알기 위해 발버둥을 치며 주님을 붙든다. 고집을 부릴수록 내가 힘들어진다는 걸 경험했기에 빨리 내려놓는 게 가장 현명한 길임을 이제는 안다.

내 생각대로 움직이고 싶은 적이 한두 번이 아니었지만, 그때마다 예수님이 부활하셨다는 사실이 나를 부인할 수 있는 유일한 이유가 되었다.

내가 나 된 것은 하나님의 은혜로 된 것이니
고전 15:10

바울의 고백은 복음 앞에 선 모든 이들의 고백일 것이다. 처음 주님과 사랑에 빠진 뒤에 기뻐서 들떴던 내 마음은 주님을 알아갈수록 더 깊어졌다. 무엇보다 세상의 방법을 멸하시고 주님의 방법을 따르는 가운데 진정한 사랑을 느끼게 해주셔서 감사할 뿐이다.

네가 만일 네 입으로 예수를 주로 시인하며
또 하나님께서 그를 죽은 자 가운데서 살리신 것을
네 마음에 믿으면 구원을 받으리라
롬 10:9

그런즉 그들이 믿지 아니하는 이를 어찌 부르리요
듣지도 못한 이를 어찌 믿으리요

전파하는 자가 없이 어찌 들으리요

롬 10:14

죽을 만큼
힘들 때

예수님은 우리와 같은 사람으로 오셔서 고난을 받으셨
다. 그 고난이 눈에 선명하게 그려지면 마음이 힘들어지며
회개가 절로 터져 나온다.

나는 처음 항암을 할 때 죽을 고비를 넘겼다. 부작용으
로 위험한 상황에 처해 입원했을 때 의사가 "상태가 너무
안 좋아서 죽지 않을 정도의 약을 써서 그랬다"라며 사과인
지 설명인지 변명인지 모를 말을 했다.

그 후 재발과 전이가 계속되면서 사형선고도 몇 번 더 받
았지만, 나는 멀쩡하게 살아있다. 항암, 항호르몬, 방사선
등 수없이 많은 치료와 검사들로 지금 내 팔은 주삿바늘을
꽂을 혈관을 찾기가 어렵다.

항암제의 부작용은 어마어마하다. 손발톱과 피부가 짓
무르고 어떤 약은 맞을 때마다 심장이 조금씩 죽어가고,

또 다른 약은 구토 증상이 심하며 어떤 약은 턱뼈가 괴사될 수도 있다.

하지만 나는 여전히 감사하며 두렵지 않다. 견딜 만할 때도 있었고, 괴로울 때도 있었지만 마음이 크게 흔들리지는 않았다. 부작용과 통증에 시달릴 때마다 공동체의 기도로 보호받았고, 무엇보다 믿음이 성장했다. 물론 육신은 고통스럽지만 주님께서 앞으로 내게 보여주실 메시지에 대한 설렘과 기대가 더 크기에 통증에 대한 두려움이 점점 사라진다. 주님은 그런 나를 평안으로 이끌어주신다.

죽음보다 두려웠던 통증과 싸움을 거듭하면서 빌립보서 4장 13절 "내게 능력 주시는 자 안에서 내가 모든 것을 할 수 있느니라"라는 말씀이 실제가 되었다. 암이 있어도 주님으로 말미암아 기쁨 안에 거하며 모든 검사와 치료를 기쁘게 감당할 수 있었다.

나는 죽지 않으려고 혹은 더 아프지 않기 위해 받는 그 무시무시한 치료 앞에서, 예수님이라는 든든한 '백'(back)이 있기에 담대할 수 있었다. 그러나 이천 년 전 사람으로 오신 그분은 의지할 어떤 것도 없이 오로지 죽기 위해 끔찍한 고문을 견디셨다.

예수님 입장에서는 살 수 있을 거라는 기대감보다 일단 죽어야 한다는 두려움이 엄습했을 것이다. 더러는 눈 한번 질끈 감고 죽으면 된다고 쉽게 말할 수도 있지만, 그분은 모진 고문과 수모를 다 겪고 손발에 끔찍한 못질을 당하면서 십자가에 매달리셔야 했다.

만약 내가 지금 그런 처형을 당해야 한다면 예수님이 어떻게든 건져내실 것이다. 그러나 돕는 이 하나 없이, 아버지께도 철저히 외면당하며 성경대로 이루시기 위해 무조건 죽어야 하는 상황이 예수님은 얼마나 무서우셨을까? 땀방울이 핏방울이 되도록 절박하게 기도하며, 죽음이라는 낭떠러지 끝에 서신 그분의 고뇌와 번민, 그 떨림이 느껴졌다. 나를 덮쳐오는 고통과 두려움을 똑같이 느끼시고, 그것을 이겨내기 위해 발버둥 치며 '아버지의 뜻'을 구했던 예수님.

그분은 죄인인 나를 살리기 위해 얼마나 큰 결단을 내리신 것인가? 내가 그분 앞에 무슨 푸념을 할 수 있으며 무슨 할 말이 있겠는가? 나는 지금껏 그분의 희생을 너무 가볍게 말했다. 살짝 감사하고 조금 죄송한 표정으로 "우리를 위해 죽으시고 다시 사셨다"라고 말해왔다.

나를 위해서 철저히 죽으신 그분의 행적이 바로 내 눈앞에서 일어난 일임을 잊지 않을 것이다. 사람의 몸으로 우리와 같은 삶을 사시고, 완전한 죽음을 보여주신 예수님. 그리고 하나님이 다시 살리셔서 성자 하나님이심을 증명하신 우리 주 예수 그리스도!

우리는 성경을 통해 하나님 역사의 기승전결을 한눈에 보지만, 이천 년 전 사람들은 눈앞에 벌어진 사건을 보며 얼마나 흥분되고 감격스러웠을까? 보고 들은 사실을 말하지 않고는 견딜 수 없었을 것이다.

우리가 부활의 증인으로 살아야 하는 이유는 극명하다. 이 땅에서 사람의 몸으로 살면서 너무나도 외로우셨을 예수님을 더는 외롭게 해드리고 싶지 않다. 또한 그 희생을 아무것도 아닌 것처럼 치부해버릴 수 없다.

예수님의 부활과
나의 부활

고린도전서 15장을 암송하며 '예수님의 부활'과 '나의 부활'에 대해 정확히 인지했다. 부활의 첫 열매이신 예수님의 다음 순서가 바로 '나의 부활'이라는 설렘에 몸에 대한 미련을 버릴 수 있었다. 어차피 썩어질 몸이기에 병원에서 받는 무수한 치료와 혈관주사의 고달픔을 잊을 뿐 아니라 오히려 기뻐할 수 있었다.

인간이 죽으면 홀연히 변화하여 신령한 몸과 영혼이 함께 천국에 간다는 걸 확실히 알게 되자, 이 땅의 몸에 대한 미련이 사라졌다. 오히려 응급상황이 닥치면 내 영혼의 상태부터 점검했다. 마음이 깨끗한지, 회개할 것은 없는지, 숨은 악한 동기는 없는지 살폈다.

그리고 온 마음으로 주님께 사랑을 고백하느라 죽음을 두려워할 틈이 없었다. 굳이 애쓰지 않아도, 새 몸으로 주님을 기쁘게 만나는 일이 그 순간 가장 중요해지곤 했다.

예수님의 부활로 하나님은 살아계시고 천국과 지옥이 존재한다는 것이 명백히 입증되었다. 그러므로 죽음은 우리의 영원한 본향으로 돌아가는 기분 좋은 떨림의 순간인 것이다. 예수님의 부활 덕분에 우리는 이 땅에서 담대할 수 있고 영원한 나라를 소망할 수 있다.

예수님의 부활은 내게 모든 걸 할 수 있는 담대함을 주고, 진정한 십자가의 사랑을 깨닫게 한다. 죽은 자와 산 자의 주가 되려 이 땅에 오신 그분의 목적은 부활로 선명해진다. 예수님의 부활은 모든 것을 선명히 조명해주는 빛이다.

나는 암 환자의 두려움과 외로움을 잘 안다. 누군가에게

도움을 청하기도, 두려움을 표현하기도, 외로움을 토로하기도 어렵다. 예수님을 믿어도, 아니 오히려 믿기 때문에 주위 사람들이 툭툭 내뱉는 말 한마디에 상처받을 수 있다. 내가 과거에 수도 없이 겪은 일이다.

그때마다 예수님은 항상 가장 가까운 곳에서 나의 위로자와 치료자가 되시며 삶의 우선순위를 알려주셨다. 그분은 부활이 전부라고 내게 계속해서 말씀하셨다. 내가 부활을 선포할 때마다 나를 통해 혹은 누군가를 통해 기적을 보이셨다.

우리 모두 천국 소망, 부활 소망으로 이 힘든 시간을 잘 이겨내길 바란다. 병에 초점을 두지 말고 눈을 들어 예수님을 보자. 우리에게는 그분과 깊은 사랑에 빠질 시간이 주어졌다. '이때다!'라는 생각으로 마음껏 사랑하면 된다.

주여 이제도 그들의 위협함을 굽어보시옵고
또 종들로 하여금 담대히
하나님의 말씀을 전하게 하여 주시오며
손을 내밀어 병을 낫게 하시옵고
표적과 기사가 거룩한 종 예수의 이름으로
이루어지게 하옵소서 하더라

빌기를 다하매 모인 곳이 진동하더니

무리가 다 성령이 충만하여

담대히 하나님의 말씀을 전하니라

행 4:29-31

소중한
만남

2017년 1월, 뼈에 있는 암들의 상태가 악화되어 특히 척추에 극심한 통증을 느꼈다. 침대에 눕고 일어나는 것도 쉽지가 않을 정도였다.

통증이 있어도 참을 수 있으니 괜찮다는 내 말에 의사는 뼈에 방사선 치료는 위험할 수 있지만 척추 쪽 암이 점점 커져서 신경을 누르면 하반신 마비의 위험이 있으니 그 부위에만 방사선을 조금 쬐자고 하셨다.

방사선실에 들어갔으나 젊은 남자 선생님들 앞에서 옷을 벗고 치료에 들어가는 것부터 방사선을 쬐는 짧은 시간 동안 환자 배려 차원에서 들려주는 음악까지 모든 것이 불편하고 신경에 거슬렸다.

내 몸의 주인이 예수님이신데 내 몸인 양 부끄러워하고 잠시지만 가요가 흘러나온다고 힘들어하는 마음을 회개하며 "예수는 나의 주"를 되뇌었다. 상태가 갑자기 악화되어서 당분간 진료가 여기저기 많이 잡혔다. 하루에도 여러 번 병원을 오가면서 정상적인 일상생활이 힘들었다.

사흘째 되는 날, 방사선 치료를 받는데 평상시와 달리 찬양이 들렸다. 눈물이 핑 돌았다.

'아, 주님이 내 마음을 이렇게 위로해주시는 건가? 감사합니다, 주님.'

기쁜 마음으로 치료실을 나오는데 낯선 의사 선생님이 인자한 미소로 나를 보시더니 뒤따라오며 "자매님!" 하고 부르셨다.

"저, 기억 안 나세요? 예전에 우리 교회에 오셨었어요."

"꽤 시간이 흘렀는데 어떻게 저를 기억하시나요? 그럼 혹시 오늘 찬양이 나온 것도?"

고개를 끄덕이시더니 본인의 방으로 엄마와 나를 데리고 가셨다.

"간증하러 오셨을 때 인상 깊게 들었습니다. 언젠가는 우리 병원에 오실 수도 있겠다고 생각했는데 어제 우연히 치료자 명단을 확인하다가 500명 정도 되는 이름들 사이에서 자매님 이름을 발견했어요. 혹시나 싶어 차트를 봤더니 맞더군요."

하나님께서 주신 선물에 큰 감동이 밀려왔다. 나를 만나기 위해 출근 시간보다 일찍 나와 찬양을 미리 준비해놓고 기다리셨던 최병기 선생님은 사모님이 직접 만든 유기농 유자청과 도라지청을 내미셨다.

'내가 어떻게 이런 사랑을 받는 걸까!'

선생님은 딸을 잘 키우셨다는 말로 엄마의 마음에도 큰 위로와 감동을 주셨다. 이후 최 선생님은 도움이 필요한 암 환자를 함께 도와주심으로 내 든든한 동역자가 되어주고 계신다.

용서하고
죽을래요

2018년 1월부터 예전에 맞았던 독한 항암제를 다시 맞기 시작했다. 암이 더 번져서 양쪽 골반부터 척추, 갈비뼈, 경추뼈까지 빼곡히 올라왔고, 폐와 기도임파절은 다행히 나빠지지 않았다.

내성이 생겨서 쓸 수 없는 약은 빼고, 일단 처음 주사했던 센 약을 최대한 맞아보기로 했다. 이 약은 여러 부작용 중 특히 심장에 위험부담이 컸다. 계속 주사하다 보면 심장에 약이 쌓이는데 시간이 지나면 없어지는 게 아니라 평생 쌓인 채로 있는 거라 죽음에 이를 수도 있다고 했다. 그래서 맞는 횟수와 양이 정해져 있는 약이었다.

다시 주사를 이어가자마자 심장에 무리가 왔다. 몸을 조금만 움직여도 심장이 문제를 일으켜 쓰러지다시피 했다. 약간의 움직임에도 한참을 누웠다가 일어나야 몸을 가눌 수 있는 일상이 며칠간 지속되었다. 나는 그동안 해온 수업도 다 내려놓았고 암 환자와 약속도 잡을 수가 없었다.

심장 박동이 멈출 듯 줄어들다가 갑자기 너무 빠르게 뛰기를 반복하며, 숨도 잘 쉬어지지 않았다. 엎친 데 덮친 격으로 위점막이 다 상해서 물도 삼킬 수 없는 지경이 되었다. 더는 버티기가 힘들었다.

'하나님이 이제 날 데려가시려나 보다….'

추운 겨울이었지만, 이 땅의 내 집인 교회에서 죽음을 맞이하겠다는 일념으로 틈만 나면 교회로 달려갔다. 기도회에 참석하기 위해 교회 마당에 도착했는데 오한이 왔다.

오전에 몸이 이상해서 병원에 연락했더니 당장 응급실로 오라고 한 터였다. 그 말을 무시하고 교회로 왔기에 나빠질 일만 남은 것도 알고 있었다. 체온계를 꺼내 열을 쟀더니 38.4도였다.

'오늘 진짜 가겠구나. 심장도 멎어가고 열도 나는데 119를 불러야 하나…. 아니야, 교회까지 왔는데 무슨 소리야….'

고개를 흔들며 차에서 내렸다. 예배당까지 힘겹게 걸어 들어갔다. 난방이 되지 않은 차가운 공기가 뺨을 스쳤다.

'그렇게 바라던 대로 교회에서 진짜 죽겠구나.'

기뻐야 정상인데 전혀 기쁘지 않았다. 마음속 숨겨둔 죄 때문이었다. 사실 오랫동안 미워한 사람이 있었다. 그를 향한 미움이 올라올 때마다 회개했지만 여전히 그 감정이 올라오자, 어느 순간부터 마음속에 숨겨두고 모르는 척했다. 나는 착잡했다.

'조금 있으면 주님을 만날 텐데…. 이 악한 마음을 가지고 갈 수는 없어.'

주님은 내가 옳고 그름 사이에서 갈피를 못 잡으면 항상 요한복음 13장 35절을 내미셨다.

너희가 서로 사랑하면 이로써 모든 사람이
너희가 내 제자인 줄 알리라

요 13:35

내가 미워하지 않는 데서 만족하려 하면 주님은 절대 응답하지 않으셨다. 그러나 사랑을 구하면 강하게 응답하시고 문제에서 건져주셨다. 나는 이미 답을 알고 있었지만 이번만은 굴복하고 싶지 않았다. 의자에 앉아 십자가를 바라보며 속으로 외쳤다.

'왜요? 저한테 어떤 기도를 받기 원하시는데요? 저도 회개해야 하는 거 알아요. 그런데 이번만 모른 척해주시면 안 돼요? 항상 순종했잖아요. 더는 사랑하고 싶지 않고, 미워하고 싶어요. 하지만 조만간 주님을 만나면 엄청 후회하겠지요! 아시다시피 저는 이렇게 부족해요. 저는 절대 못해요. 그러니까 예수님이 직접 제 마음을 바꿔주세요. 제 주인이시잖아요. 정말 용서하고 싶지 않지만… 용서하게 해주세요.'

한참을 기도하니 미움이 서서히 사라졌다. 그 순간을 놓치지 않고 사랑하게 해달라고 기도했다. 그러자 이내 사랑할 수 있는 마음 상태가 되었다.

'감사합니다. 주님께서 해주실 줄 알았어요. 잠시 후에 뵐 텐데 죄책감 없이 주님 앞에 갈 수 있게 해주셔서 감사합니다. 정말 사소한 일인데 놓지 않으려 해서 죄송해요⋯.'

모든 사람을 사랑할 수 있는 마음이 부어지자 감사가 넘쳤다. 눈을 뜨니 한 시간이 지나있었다. 어느 순간 오한도 멈추고 심장 박동도 정상으로 돌아왔으며 몸 상태가 회복되었다. 차에 돌아와 열을 재니 36.9도였다.

내 중심을 굴복하자 하나님이 기뻐하셨다. 이 땅에서의 시간을 더 늘려주신 하나님께 감사했다.

나는 그동안 이런 식으로 영적 전쟁을 해왔고, 주님이 응답해주셔서 잘하고 있는 줄 알았다. 하지만 속으로는 이런저런 핑계로 타협점을 찾았다.

'사람이기에 부족한 게 당연하지. 육의 싸움은 잘해도 영적 싸움은 좀 부족할 수 있어. 내 옛사람은 거짓과 비겁함을 그냥 못 넘기는 의로움을 장점이라고 착각하며 살았으니까 그 부분이 잘 고쳐지지 않을 수 있어⋯.'

그런데 어느 날 목사님이 요한일서 4장 20절 말씀으로 설교를 하셨다.

누구든지 하나님을 사랑하노라 하고

그 형제를 미워하면 이는 거짓말하는 자니

보는 바 그 형제를 사랑하지 아니하는 자는

보지 못하는 바 하나님을 사랑할 수 없느니라

요일 4:20

"누구든지 하나님을 사랑하노라 하고 그 형제를 미워하면 이는 거짓말하는 자니"라는 구절 앞에 멈추었다. 나는 지금껏 피해를 입으면 당연히 나 또한 가해자가 될 수밖에 없다고 정당화하며 죄와 타협해왔다.

당시 내가 미워하던 사람은 내 기준으로는 도저히 용납할 수 없는 행동을 반복하곤 했다. 나는 그를 용서하고 싶지 않아서 주님께 모든 것을 떠넘기고는 맡겨드렸다고 착각했다. 성경은 형제를 미워하면 하나님 앞에서 거짓말하는 자라고 하셨는데, 바로 내 모습이었다. 더 이상 내 죄를 정당화하지 않고 과감히 끊어내겠다는 결단이 필요했다.

'육신의 문제는 다 맡겨드리고 담대해질 수 있는데 인간관계에서의 영적 싸움에는 이렇게 연약하구나….'

빛 가운데 있는 줄 알았는데, 사실 어둠 안이었다. 육신으로는 목숨 걸고 결단하며 하나님의 뜻 안에 있었지만 영적으로는 원수도 사랑하라는 말씀에 굴복하지 않고 부족하다는 핑계로 의지를 들이지 않는 절름발이 신앙이었다.

'성령님, 문제를 드러내주셔서 정말 감사합니다. 성령님이 제 마음을 찔리게 하시니 이제 결단하겠습니다. 저를 사랑으로 인도해주세요.'

복음은 실천해야 완성된다. 그 용기는 부활에서 비롯하고, 부활을 통해 사랑이야말로 최고의 무기임을 깨닫는다. 우리의 가장 큰 무기는 예수님을 뜨겁게 사랑하는 것이다.

너희 안에 이 마음을 품으라
곧 그리스도 예수의 마음이니
빌 2:5

나는 주님께 고백했다.

'결단하고 나아갈 때 주님이 일하십니다. 문제의 크기 앞에 결단을 타협하지 않겠습니다. 말씀을 내 수준이 아닌 주님의 마음으로 받겠습니다. 아침에 눈뜰 때부터 밤에 눈감을 때까지 예수님에 대한 사랑을 멈추지 않겠습니다. 한쪽 다리를 절지 않고 두 발로 똑바로 서서, 마음의 중심을 내어드리는 참 그리스도인이 되게 하소서! 아멘!'

나는 너를
믿는다

주님을 만난 후 모든 만남은 우연이 아니라는 확신이 있었다. 주님의 뜻이면 어떻게든 이루어지고, 사람의 계획과 힘이 들어가면 결국은 어그러지는 경험을 했다.

처음 김상철 감독님이라는 분이 내게 연락하실 거라는 얘기를 전해 들었을 때는 한 귀로 듣고 흘렸다. 하지만 일단 만나는 자리에서 주님께서 알려주실 것이니 미리 가늠하지 않고 약속을 잡았다.

2018년 12월, 김상철 감독님 사무실에서 첫 미팅을 가졌다. 영화 포스터가 잔뜩 붙어있는 사무실 내부에 들어서자 유명한 분을 내가 모르는 것이면 실례일 것 같아서 솔직히 말하고 사과드렸다. 감독님은 인자하게 웃으시고 내 간증은 봤으니 본인 소개를 먼저 하겠다고 하셨다.

감독님은 자살 직전에 주님을 만난 경험을 시작으로 주님이 영화를 만드는 일로 인도해주셔서 그 일에 모든 것을 걸고 가신다고 했다. 인상 깊었던 만남 중 헬렌 로즈비어 선교사를 언급하셨을 때, 나는 뜨거운 것이 속에서 올라오며 눈물이 흐르기 시작했다. 어느 기억이 스쳐 지나갔기 때문이다.

2018년도 1월에 항암 부작용으로 식도가 녹아서 보름 동안 아무것도 먹지 못했다. 게다가 경추를 압박하는 암의 통증으로 힘든 시간을 보내고 있었다. 나는 마음을 다잡으려고 욥기를 읽기 시작했다.

신앙생활 초기, 재발 전 진료실 앞에서 대기하며 '오늘 무슨 안 좋은 소리를 듣게 되는 건 아닌가' 하고 염려가 될 때 마음을 다잡기 위해 무조건 욥기를 읽었다. 나는 부족하지만 욥만큼 해내고 싶다는 마음에 욥의 마음에 들어가 보려고 열심히 읽었다.

재발하고 나서는 오히려 담대함으로 나아갔고, 주님의 인도하심으로 두려움을 완전히 극복해서 한동안 욥기를 찾지 않았는데 일상이 너무 괴로우니까 오랜만에 욥기를 펼친 것이다. 주님이 약해진 내 마음을 만져주시고 회개케 해주시길 구하며 욥기를 읽는데 첫 장부터 눈물이 마구 쏟아져서 6장까지 읽다가 통곡하며 회개했다.

처음으로 욥의 마음이 아니라 하나님의 마음이 보였다. 욥을 시험하려는 마귀들에게 그 시험을 허락하시는 하나님의 음성에는 '나의 욥을 믿는다'라는 마음이 가득했다.

고통으로 괴로워하고 약해지는 나를 보며 악한 영들은 하나님을 조롱하지만, 하나님은 나를 향해 '정은아, 나는 너를 믿는단다'라고 하시는 상황이었다. 나를 믿어주시는 분 앞에서 절대 넘어질 수 없었다. 악한 영들이 절대 하나님을 조롱하게 놔둘 수 없었다. 그 자리에서 바로 고백했다.

'하나님을 절대로 쪽팔리게 해드리지 않을 거예요. 제가 무엇을 놓쳤는지 이제 선명하게 알겠어요. 이보다 더 아프고 괴로워도 괜찮습니다. 하나님께서 저를 이렇게나 신뢰해주시고, 이미 저는 안전한 것을 알기에 절대 지지 않을 거예요. 아프다고 징징거리지 않겠습니다. 두려워할 대상이 아닌 것 앞에서 절대 약해지지 않겠습니다.'

기도하자 마음에 평강과 감사와 담대함이 넘쳤다. 전지전능하신 하나님 앞에서 깐죽대는 악한 영들에게 내가 여유를 부리며 그것들을 꺾어버려야겠다는 마음이 차오르자 괴로움으로 아득해지던 정신이 맑아졌다.

'이 정도였어? 내가 까무라쳐도 괜찮으니 더 공격해봐. 하나님이 신뢰하는 사람들이 어떻게 싸우는지 보여줄게.'

속으로 외쳤다.

'주님께서 나를 어떻게 좀 해주셨으면 좋겠다'라는 마음

대신에 '나를 믿어주는 분 앞에서 싸우겠다'라는 의지가 활활 타오르니 없던 에너지가 솟았다.

나는 주님을 의지함으로 기쁨과 감사를 배웠고 그분이 나를 믿어주신다는 놀라운 사실과 어떤 일이 벌어져도 나는 안전하다는 깨달음으로 평강과 담대함을 받았다.

그동안 힘든 싸움 가운데 "모든 악한 것들은 떠나가라"라고 선포해왔는데 그날 내 마음과 입술에서는 다른 고백이 흘러나왔다.

'괜찮아. 이 또한 지나가리라. 지나간 후 일상이 이어지든지 주님 옆에 있게 되든지 둘 중 하나의 결론만 있을 뿐이야. 주님, 정말 감사합니다.'

내 마음의 고백과 동시에 몸과 마음이 회복되었다. 이후 내 사역의 방향도 다시 잡혔다.

나만의 생생했던 그날의 기억을 김상철 감독님의 음성을 통해 내 귀로 다시 듣고 있었다.

목사님이 헬렌 로즈비어가 하나님께서 자신을 믿어주신다는 얘기를 했다고 하는 순간, 말할 수 없는 성스러운 기운이 내 온몸을 휘감았고, 눈물이 흘렀다.

유난히 힘들었지만 하나님을 체험하며 잘 이겨낸 기억이

김상철 감독님을 만나게 하시는 주님의 계획으로 연결되며 말할 수 없는 감동이 밀려왔다.

영화 〈부활〉
이야기

김상철 감독님이 준비하고 계신 작품은 〈부활〉이라고 했다. 두 번째 감동이 밀려왔다.

'내 삶의 이유 되시는 예수님, 그분을 증거하는 확실한 복음인 부활을 작품화하시겠다니!'

너무 경이로운 만남이었다. 주님의 계획임을 확신하고 무슨 일인지 내가 파악할 필요 없이 무조건 순종하기로 하고 헤어졌다. 하지만 다음 날 눈을 뜨면서부터 다시 고민이 되었다. 전날 들은 것이 기억나면서 순종은 해야겠는데 겁이 나기도 하고 마음이 복잡했다.

감독님은 암 환자의 몸으로 전도를 하는 내 삶을 참고하는 정도가 아니라 영화에 출연까지 해달라고 하셨다. 스스로를 돌아보며 한숨이 나왔다. 다른 게 아니라 내 인격 부분이 마음에 걸렸다.

'크리스천이라고 하면 뭔가 경건하고 거룩한 분위기와 인격을 기대할 텐데, 아직 다듬어지지 않은 혈기와 다소 장난기 있는 내 모습이 예수님을 높여드릴 수 있을까?'

이런 내 모습이 사람들 앞에 노출되는 게 여간 불편하지 않았다. 뭔가 더 다듬어진 다음이 아니면 안 될 것 같았다.

머리는 주님께서 계획하신 것이 맞다고 하고, 마음은 싫다고 하는 싸움이 치열한 가운데 계속 시간이 흘렀다.

암 환자들과의 만남과 이 땅에서의 헤어짐도 반복해가는 가운데 교회에서 갑자기 수요 저녁예배를 인도해달라는 요청이 왔다(평일 예배를 모든 성도들이 돌아가며 인도한다). 타 교회가 아닌 우리 교회에서의 인도는 처음이라 큰 부담이 밀려왔다.

이 주일 후에 암 환자들의 긴박한 상황으로(교제 중이던 암 환자들 중 두 분의 임종) 예배 준비를 전혀 하지 못한 채 수요일을 맞이했다. 도망가고 싶은 마음이 들었다.

거의 포기한 상태에서 예배가 시작되고 찬양을 하는데, 뜨거운 무언가가 온몸을 휘감았다. 성령께서 일하심을 직감적으로 알 수 있었다. 눈물이 흐르는 것이 아니라 쏟아져 나왔다. 찬양이 끝나자 마음이 너무나 평안했다. 머릿속에

두 가지 말씀만 가득했다. 갈라디아서 2장 20절과 고린도 후서 12장이었다.

나는 죽었고 약할 때 내 안에서 역사하시는 예수님! 그 게 다였다. 예수님으로 말미암아 이미 죽은 나는 할 게 하 나도 없었다. 성령께서 행하시도록 내 삶에서 나만 빠지면 되는 것, 그것이 내 신앙생활의 전부였다.

예배를 마치고 많은 분이 감동적인 피드백을 주셨다. 그 제야 항상 성령께서 행하시는 일에 내가 나대지 않겠다는 생각으로 지금까지 왔던 게 새삼 깨달아졌다.

'주님, 이 영화에 나가지 않는 게 겸손인 양 착각해서 죄송 합니다. 부활을 증거하기 위해 꼭 나가겠습니다. 주님께서 인도해주시는 일에 함부로 제 생각을 들이대지 않을게요.'

이미 죽었는데 체면이 어디 있고 자존심이 어디 있을까. 주님 일이면 무조건 기쁘게 참여하는 것이다. 내 힘은 다 빼고 내 부족함 그대로 출연하는 게 맞다는 결론을 내리고 자유함을 얻었다.

내가 그리스도와 함께 십자가에 못 박혔나니
그런즉 이제는 내가 사는 것이 아니요
갈 2:20

'나'를 버리는
촬영

육체의 욕심을 거스르는 훈련은 매 순간 이루어진다. 주님의 일에 매진할 때도 때로는 주님의 뜻인 양 착각하고 내가 행할 때가 있다. 처음에는 구별하기 어려웠지만, 실시간 주님께 여쭈다 보니 지금은 선명하게 구분된다.

나는 계획을 세우는 순간부터 '내 일'이 되어버리기 때문에 어떤 일이 주어지면 먼저 머릿속을 깨끗이 비우는 것부터 시작한다. 그러고는 주님께 매달린다.

주님의 일에 다름 아닌 '내'가 가장 방해된다는 것을 잘 안다. 촬영할 때도 '나'만 빠지면 된다고 되뇌며 임했다. 촬영하는 약 사 개월 동안 다섯 영혼이 소천했고 장례식에 네 번 참석했다. 고인 중에는 영화에 함께 얼굴을 비친 분들도 있었다.

영화를 찍으면서 고민했다.

'내 일상은 암 환자를 만나는 게 거의 전부인데 그들의 동의를 구할 수 있을까?'

영화를 찍는 동안 만나던 환자 두 명은 같은 교회 성도여서 가족들도 인터뷰에 기꺼이 응해주었다. 곤란한 환자들은 촬영을 안 하겠다며 소식만 전했는데 모든 가족이 촬영을 긍정적으로 바라보고 출연도 허락해주었다.

주님이 어떻게 일하실지 궁금해서 더더욱 계획 없는 일상을 그대로 담아내고자 했는데 촬영이 되어가는 게 신기했다. 주님의 일에 내가 참여하는 것이니 부담 없이 일상을 이어갔다. 내 일정에 맞추어 촬영은 항상 급작스럽게 진행되었고, 무계획으로 흘러갔지만 성령께서 항상 함께하심을 알 수 있었다.

오랜만에 연락이 닿은 황정희 집사님은 주님을 사랑하고 전도에 열정이 있는 밝은 분이었다. 하지만 병세가 악화되면서 잠시 하나님에 대한 오해에 빠졌다. 나는 그분의 오해를 풀어드렸고, 집사님은 회개를 통해 주님을 다시 영접하는 은혜의 시간을 보냈다.

집사님은 힘든 와중에도 병실에서 전도에 힘쓰셨고 내가 만나러 갈 때마다 영혼을 예비해놓고 기다리는 등 나를 보호자처럼 의지하셨다. 영화 촬영도 기꺼이 응해주셨다.

김상철 감독님도 내가 만나는 암 환자들에게 각별한 애정을 보이며 소식 하나하나에 신경을 써주셨다. 황 집사님의 응급상황에도 촬영이 목적이 아니라 그저 달려와 기도해주시는 등 큰 힘이 돼주셨다.

촬영 내내 주님의 뜻만 이루어지도록 기도했다. 혹시라도 내 욕심이나 생각이 나올까 봐 몹시 주의했다. 온 신경을 집중해서 성령님의 인도하심에 모든 걸 맡겨드렸고, 내 마음 깊숙한 곳의 작은 욕심이나 생각까지도 내려놓고 주님께 솔직하게 나아가는 훈련을 끊임없이 했다.

그러는 동안 하나님이 이 작품에 얼마나 집중하시는지도 알게 되었다. 내 생각과 힘이 모두 파쇄되는 또 하나의 경험을 〈부활〉을 통해 할 수 있었다. 주님이 만들어가고 완성시키셨을 테니 내 개인의 눈으로 기대하는 건 전혀 없다. 그 작품은 주님의 뜻이고 주님의 것이니 내 일상이 고스란히 들어가 있지만 나와는 관계가 없다고 생각한다.

무엇보다 주님은 환상적인 촬영팀을 보내주셨다. 겸손과 사랑으로 섬기는 그들을 통해 고개가 숙여지는 순간이 많았다. 촬영팀은 내 '무계획 일상'에도 당황하지 않고 항상 기쁨으로 이끌어주었다. 그들을 만나는 날이 손꼽아 기다려질 정도로 즐거웠다.

주님의 뜻이면
피하지 않겠어요

하루는 작가님이 조심스럽게 말을 꺼내셨다.

"아무리 무계획으로 가더라도 최근 소천하신 분들의 가족과 만나거나 이후 상황을 찍었으면 하는데, 혹시 가능할까요?"

"그건 좀 곤란한데요…."

그때 갑자기 전화벨이 울렸다. 촬영 중 소천한 한 자매의 가족으로부터 식사하자는 연락이었다. 나는 용기 내어 식사 자리를 촬영해도 될지 여쭈었고, 우려와 달리 그들은 흔쾌히 자리를 마련해주었다.

기쁨이 넘치는 촬영 가운데 한두 번 정도 '이런 것이 촬영되면 좋겠다'라는 생각을 나도 모르게 한 적이 있다. 하지만 어김없이 그런 것들은 반영되지 않을 뿐 아니라 촬영을 하더라도 쓸 수 없게 되는 경험을 하면서 한 치의 오차 없이 모든 걸 조율하시는 하나님을 인지할 수 있었다.

내가 병원에서 정밀검사를 받는 장면을 찍던 날, TV에 방영된 〈부활〉 다큐멘터리에 출연했던 이용규 선교사님이 찾아오셨다. 나를 만나기 위해 사모님과 함께 일부러 찾아오셨다고 했다. 선물로 책도 주시고 촬영이 끝날 때까지 자리를 지키며 식사까지 챙겨주셨다. 한국에 머무는 짧은 기간 동안 귀한 시간을 내주셔서 고맙고 감격스러웠다.

촬영 중 모교를 방문하는 장면만 사전에 촬영허가를 받았다. 오랜만에 고등학교 담임선생님과 통화하고 고교 동창들에게도 알렸다.

학교에 도착해서 촬영을 시작하는데 어색하기도 하고 교정의 달라진 모습도 눈에 띄었다. 촬영 중에 감독님이 모교에 왔으니 피아노를 쳐달라고 했다. 모교에서 옛 추억을 더듬으며 피아노 치는 장면을 연출하려는 의도였다.

나는 갑작스런 요청에 몹시 당황해서 악보 없이는 칠 줄 모른다고 손사래를 쳤다. 그러자 감독님이 휴대폰으로 악보를 보여주어서 체념하듯 피아노 앞에 앉았다. 졸업 후 새로 생긴 연습실이라 생소했지만 피아노를 치는 동안 나름 여고생 시절을 떠올릴 수 있었다. 촬영 덕분에 모교에서 새로운 추억을 쌓았다.

마지막 촬영은 가발을 벗고 화장을 지운 내 모습을 담아내는 거였다. 그런데 마지막 신(scene)의 촬영을 앞두고 감독님이 나를 조용히 부르셨다. 원래 계획과는 다르게 그 장면을 빼고 싶다고 하셨다. 여느 암 환자의 모습이 아닌 기쁜 모습이 내 참모습인 것 같아서 그렇게 마무리하고 싶다고 하셨다.

촬영 전에 나는 '제 민낯을 보이는 일은 큰 용기가 필요하지만, 주님의 뜻이면 절대 피하지 않겠어요'라고 고백했었다. 주님은 내 고백을 이미 기쁘게 받으신 듯했다. 내 민낯을 보이지 않아도 충분한 메시지를 전할 수 있다고 판단해주신 감독님께도 감사했다.

촬영 중간에 주님은 엄마와의 여행을 선물처럼 안겨주셨다. 단둘이 떠나는 여행은 처음이라 엄마가 무척 좋아하셨다. 주님의 일을 하면 항상 선물을 배로 받는 것 같다.

영화에 내가 어떤 모습으로 담길지 모르지만, 주님이 잘 편집해주시리라 믿는다. 이 영화를 통해 오직 주님이 영광 받으시길, 내 부족함을 통해 그분만 높임 받으시길 간절히 소망한다.

나에게 이르시기를 내 은혜가 네게 족하도다
이는 내 능력이 약한 데서 온전하여짐이라

고후 12:9

○ 이용규, 최주현 선교사님 부부와 함께

○ 영화 〈부활〉 스태프 이십 년 지기 친구들과 함께

○ 소꿉친구들의
깜짝 선물을 받고

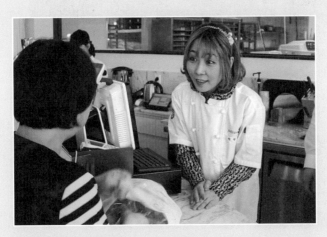

○ 교회 지체가 운영하는 카페에서 자원봉사를 하며

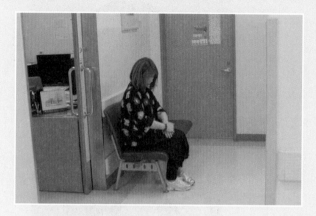

○ 뼈 검사 직전 기도로 준비하며

○ 환우 분과 말씀으로 교제하며

○ 고 조은주 권사님, 고 황정희 집사님 심방

○ 영화 〈부활〉 중 예배당에서 기도하는 모습

사명으로
살다

교회 수련회에 참석했던 어느 분의 부탁을 받고 췌장암 말기 환자를 만나러 병원으로 달려간 적이 있다. 칠십 대 조선족 어르신인데 너무나도 반듯한 선비와 같은 분이었다. 이미 온몸을 다 덮은 암으로 인해 장기가 굳어 음식물을 전혀 섭취하지 못하는 상황에도 의연하고 담대한 모습을 보였다.

그들이 살아온 중국이라는 나라의 특성상 이 가족은 예수님을 전혀 믿지 않았고, 알려고도 하지 않았다. 그런데 아내 되는 분이 지푸라기라도 잡고 싶다며 하나님을 믿겠다는 의지를 보였다. 두 달 이상 주님께 순종하며 환자와 부인에게 복음을 전하는 걸음을 멈추지 않았다.

감사하게도 부인은 함께 영접기도를 드리며 눈물로 주님께 다가가기 위해 애썼고, 근심 어린 표정에서 기쁨에 찬 표정으로 바뀌어갔다.

하루는 옆 침상에 임파선암 환자가 새로 들어왔는데 거동도 멀쩡하고 건강해 보였다. 그 아내 되는 분이 말을 먼저 걸어오며 걱정하시길래 기도를 해드리겠다고 하자 "우리는 불교예요"라고 딱 잘라 거절했다. 예수님이 부활하신 것은 역사적 사실이고 지금도 살아계셔서 기적을 행하시는 분이라 나도 병 고침을 받았다며 설득해보려고 했지만 너무나 단호해서 그냥 자리를 뜰 수밖에 없었다.

이틀 후 다시 병실을 찾았는데 불교 신자의 침상이 비어 있었다. 지난밤에 운명을 달리했다고 했다. 너무 어이가 없었다. 옆의 그 환자가 혹시 괴롭게 가지 않았냐고 조선족 환자의 부인에게 조심스럽게 물었더니 너무 끔찍하게 가더라며 몸서리를 쳤다. 그날 부인은 복음을 듣고 예수님을 영접했다.

부인은 내가 보라고 한 간증 외에 다른 지체들의 간증도 계속 보았다. 그리고 예수님의 부활이 믿어진다며 "이제는 간증을 하루라도 보지 않으면 안 될 것 같다"라고 했다.

또 두 달 가까이 음식물 섭취를 전혀 하지 못했던 남편도 몸이 갑자기 좋아져서 음식을 먹을 수 있게 되었다.

그 후 시간이 안 맞아서 한 주를 건너뛰고 찾아갔는데 환자가 다른 날과 달리 나를 보고 피했다. 한참을 기다려도 병실에 돌아오지 않았다. 몸이 좋아지니까 말씀을 듣기도 싫고 기도도 받고 싶지 않은 거였다. 며칠 후 다시 찾아가 보니 그는 이미 정신을 놓은 상태였다.

공포에 질린 그는 앞을 보지 못하면서도 뭔가를 보고 있는 듯 벌벌 떨며 신음 소리가 끊이지 않았다. 기도하려고 손을 잡으면 몸부림치며 괴로워하고 비명을 질렀다. 마침 그날 작은교회 다른 지체들도 함께 갔는데 그 충격적인 모습에 우리는 모두 할 말을 잃었다.

며칠째 눈을 전혀 감지 못하고 밤마다 소름 끼치는 비명만 질러대고 있다고 했다. 부인 역시 예수님을 놓치고 염려에 휩싸여 있었다. 남편의 고통을 빨리 끊으려면 부인이 정확하게 예수께 회개하고 엎드려 구해야 한다고 강하게 말했다. 그리고 우리 모두 합심하여 부인을 붙잡고 다시 영접기도를 드렸다. 부인은 자신이 예수님을 믿지 않았다고 울부짖으며 진심으로 회개했다.

"어머니, 말씀과 기도밖에는 없습니다. 마음을 잘 지키셔야 해요."

부인은 완전히 다른 사람처럼 자신의 생각을 잘 지켜서 남편을 천국 보내드리는 데 노력을 하겠다고 다짐했다. 나는 부인의 휴대폰에 성경 앱을 깔아주고 이어폰으로 남편에게 요한복음을 반복해서 들려주라고 했다.

다음 날은 혼자 찾아가서 기도를 해드렸는데 환자가 많

이 평온해졌다. 그 후 닷새 동안 밤낮 공포스럽게 뜨고 있던 눈을 드디어 감았다고 부인이 흥분해서 연락을 해왔다.

그다음 날은 급한 일이 생겨 작은교회 동생 부부를 대신 보냈는데, 그들이 기도하고 돌아간 뒤에 환자가 너무 평온하게 세상을 떠났다고 했다.

교회 지체들과 함께 장례식장을 찾았을 때, 부인이 나를 가리키며 큰 소리로 "바로 이 사람이에요!"라고 했다. 그러자 거기 모였던 모든 친척들이 우리를 경이로운 눈으로 쳐다보며 벌떡 일어나 손을 잡고 감사 인사를 했다.

"우리는 예수님을 몰라요. 하지만 고인이 천국에 갔다고 확신합니다. 천국 보내주셔서 감사합니다."

부인은 장례를 치른 후 먼 거리도 마다하지 않고 감사를 표현하고자 우리 교회 주일예배에 참석했다.

나는 오늘도 만나는 모든 사람에게 예수님이 부활하셔서 살아계시는 기쁜 소식을 전하는 것이 사명임을 믿고 열심히 전하고 있다.

하나님은 우리에게
결코 나쁜 것을 주시지 않는다.
나는 처음에 하나님이
나를 정신 차리게 하시려고
암을 주신 줄 알았다.
그러나 암은 결코 하나님이 주신 게 아니었다.
내 죄된 습관으로 생긴 질병이었다.

하지만 암이 없었다면,
내가 죽기까지 예수님을 내 주인으로 고백할
가망이 없었을 것이다.

그래서 암은 선물이었다.

일 년 반 만에 재발했을 때, 나는 알았다.

'이번에는 진짜 선물이구나.'

하지만 첫 발병부터 재발까지 칠 년이 넘도록

나는 호락호락하지 않은 싸움을 이어왔다.

항호르몬과 방사선, 항암치료를 끊임없이 받으며

약이 바뀔 때마다 다른 사람이 겪지도 않는

부작용을 몇 배로 고통스럽게 겪어냈다.

그런데 놀랍게도 모든 부작용이

1,2차까지만 지속되고, 3차부터는 뚝 그쳤다.

투병을 하면서도

하루도 빠짐없이 새벽을 기도로 깨우고,

영혼 구원에 힘쓰며 기를 쓰고 예배에 참석했다.

주님은 그런 나를 예쁘게 보셨는지

하늘 소망이 없는 환자들을 맡겨주셨다.

성령님은 내 안에 한 영혼 한 영혼을 향한 사랑을
강권적으로 부어주셨다.

하나님이 인도하신 모든 자리에서
나는 놀라운 성령의 역사를 경험했다.
언제나 나와 함께하시는 주님을 느낄 수 있었다.
항암 부작용은 힘들다.
그런데 그것이 얼마나 힘든지 내가 겪어야
다른 환자들을 더 깊이 이해하고
전도할 수 있었다.
그래서 어느새 피하기보다
겪고 싶은 것으로 바뀌어 갔다.

주님의 뜻을 이루어드리기 위해
덤으로 주어진 시간 동안
암 환자를 만나는 일은
나의 유일한 소명이자
값없이 부어지는 은혜이다.

주님은 항상 나와 함께하셨다.

통증이 시작되어도 몇 분 만에 거두어가셨다.
밤새 통증이 가시지 않을 때면
나는 새벽기도 시간까지 기다리다가
중보를 요청했다.
그러면 통증이 금방 사라졌다.
통증은 밤늦게 혹은 암 환자에게
하나님을 전하러 가는 길에 찾아왔다.

어느 날 밤, 통증 때문에
또다시 뜬눈으로 기도하다가
문득 의문이 생겼다.

'왜 꼭 통증은 도움을 받을 수 없는 시간이나
영혼을 만나러 갈 때 오는 걸까?
혹시 악한 영이 손을 쓰는 건가?'

처음 주님을 만나고 부작용으로 잠 못 이루던 내게
숙면을 허락하신 하나님을 떠올리며 의문스러웠고

죽어가는 암 환자를 만나러 가는 병실에서
항상 기다리던 영적 존재들과의 싸움이 떠올랐다.

'통증은 암에서 비롯되는 것이지만
암 때문에 당연히 아플 거라고 내가 속는 것은 아닐까?
내게 두려움을 심고 예수님을 보지 못하게 하려는
악한 영의 방해가 아닐까?'

주님께 도와달라고 기도하고 허공에 외쳤다.

"나사렛 예수의 이름으로 명하노니
통증을 주는 악한 영들은 당장 떠나갈지어다!
너희들 내 가슴 한번 들여다봐.
누가 보이니? 예수님이야!
이천 년 전 예수님의 피 한 방울에
너희들이 싹 다 망한 걸 내가 모를 것 같아?
그리고 내가 예수님을 입술로만 믿는다고 하는 것 같아?

내 가슴 안쪽 똑바로 다시 확인하고 무서운 줄 알면
눈썹 휘날리게 빨리 도망가!!"

악한 영을 향해 호통을 치니,
그 순간 머리끝에서부터 발끝까지
뭔가가 쑥 나가는 기분이 들며 모든 통증이 사라졌다.

'그래, 이놈이었네. 그럼 싸울 만하네.'

그날 이후로도 내가 지치기를 바라고
계속 찾아오던 놈들은 한참을 더 공격하다가
암이 더 커졌다는 병원의 진단에도 불구하고
어느 날부턴가 찾아오지 않았다.
그렇게 일 년여의 싸움이 완전히 끝났다.

이 순간의 깨달음으로 말기암 환자들에게
예수님의 주 되심에 대해 더욱 전해서

끔찍한 통증에 대한 오해를 반드시 풀어줘야 했다.

당시 내가 진통제를 전혀 먹지도 맞지도 않자

의사가 물었다.

"진통제 얼마나 남았어요?"

"그대로 있는데요."

"안 아팠어요…?"

"엄~청 아팠어요."

"그럼 몇 개 먹었어요?"

"하나도 안 먹었다니까요."

"지금 뭐 하자는 겁니까?"

"선생님, 제가 너무 아플 때

하나님께 기도하면 통증이 사라지고,

또 아파서 기도하면 또 통증이 사라지고….

그래서 하나도 안 먹은 거예요."

"음… 그럼 어쨌든 지금 안 아프다는 거죠?

다…행입니다."

상황을 뛰어넘는 평강은
내 몸의 부활이 분명한 사실이라는 데서 온다.
지금까지 시한부 선고 세 번에
죽을 고비를 네 번 정도 넘겼다.
죽음 앞에 서는 긴박한 순간마다
벌벌 떨기보다 예수님을 만날 준비에
마음을 집중할 수 있었던 유일한 이유는
죽음 뒤에 약속된 부활이 기다리고 있기 때문이다.

사람의 생각으로는 불가능한 일을 주님은 행하신다.
삶에서 주님이 이루신 일들을 목격하며
내 좁은 사고의 틀이 깨졌다.
삶의 전 영역에서 습관처럼 행하고
당연하게 여기던 모든 틀을
완전히 무너뜨려야 함을 깨달았다.

암 환자가 이래도 되나 싶을 정도로
무리한 일정을 강행하는데도
에너지가 더욱 넘치는 걸 경험한다.
온종일 환자를 만나러 다니고,

밤새 말씀으로 교제해도
끄떡없이 다음 날 새벽기도로 하루를 시작하고
빡빡한 일정을 감당한다.
반면 쉬는 날은 밀린 잠을 몰아서 잔다.

몸 상태와 상관없이 복음을 전하는 일이
힘든 순간도 있었지만, 지금은 익숙하다.
쉬고 싶을 때 쉬어도
주님이 기뻐하시겠지만
내 몸이 주님의 것이니
오늘 하루 주님이 원하시는 일을 해드리고 싶다고
기도하고 움직인다.
그러면 놀랍게도 최상의 몸 상태로 돌아온다.
몸을 버리는 선택이
결국 내 몸을 살리는 결과를 낳는다.

내가 살아가는 이유는 오직 주를 위해서다.
주님이 허락하신 이 자리에서 복음을 전하고,
내 뜻이 아닌 오직 주님의 뜻이
이루어지기를 기도하며 나아간다.

이 소망의 삶을 마지막 한 호흡이 다할 때까지
놓지 않기를 간절히 바란다.

항상 우리와 함께 다니던 사람 중에 하나를 세워
우리와 더불어 예수께서 부활하심을 증언할 사람이
되게 하여야 하리라

행 1:22

"오늘 예수님과 어떤 대화를 하셨나요?"

내가 암 환자와 교제하며 꼭 묻는 말이다.
예수님이 살아계신다고 믿으면 쌍방 대화가 가능하다.
그러나 대부분 자신의 처지를 바꿔주시지 않는다고
불평만 할 뿐 정작 그분과 대화하지 않는다.
이 사실을 깨닫고 인정하면
염려와 불안으로 힘들어하던 이들이 눈물로 회개하며
그들을 향한 하나님의 마음을 알게 된다.

"나는 잘 죽기 위해 오늘을 삽니다."

나는 세상에서 만족스럽게 살기 위해
끊임없이 헤매다가 덜컥 암에 걸렸다.
그리고 예수님을 통해
진짜 삶은 아직 시작도 하지 않았음을 알게 됐다.
천국에서의 새 출발을 이 땅에서 철저히 준비하는 게
내 삶의 진짜 목표임을 깨닫고
'잘 죽기 위해 오늘도 열심히 살자'라고 다짐한다.

나는 주님의 것입니다

초판 1쇄 발행 2020년 5월 25일
초판 12쇄 발행 2025년 2월 28일

지은이 천정은

펴낸이 여진구
책임편집 김아진 정아혜
편집 이영주 박소영 최현수 구주은 안수경 김도연
책임디자인 조은혜 | 마영애 노지현 정은혜
홍보 · 외서 진효지
마케팅 김상순 강성민　　　　　　　**마케팅지원** 최영배 정나영
제작 조영석 허병용　　　　　　　　**경영지원** 김혜경 김경희

303비전성경암송학교 유니게 과정
이슬비전도학교 / 303비전성경암송학교 / 303비전꿈나무장학회

펴낸곳 규장

주소 06770 서울시 서초구 매헌로 16길 20(양재2동) 규장선교센터
전화 02)578-0003　　**팩스** 02)578-7332
이메일 kyujang0691@gmail.com　　　　**홈페이지** www.kyujang.com
페이스북 facebook.com/kyujangbook　　**인스타그램** instagram.com/kyujang_com
카카오스토리 story.kakao.com/kyujangbook
등록일 1978.8.14. 제1-22

책값 뒤표지에 있습니다.
ISBN 979-11-6504-082-6 03230

규 | 장 | 수 | 칙

1. 기도로 기획하고 기도로 제작한다.
2. 오직 그리스도의 성품을 사모하는 독자가 원하고 필요로 하는 책만을 출판한다.
3. 한 활자 한 문장에 온 정성을 쏟는다.
4. 성실과 정확을 생명으로 삼고 일한다.
5. 긍정적이며 적극적인 신앙과 신행일치에의 안내자의 사명을 다한다.
6. 충고와 조언을 항상 감사로 경청한다.
7. 지상목표는 문서선교에 있다.

하나님을 사랑하는 자 곧 그의 뜻대로 부르심을 입은 자들에게는 모든 것이 合力하여 善을 이루느니라(롬 8:28)

규장은 문서를 통해 복음전파와 신앙교육에 주력하는 국제적 출판사들의 협의체인 복음주의출판협회(E.C.P.A:Evangelical Christian Publishers Association)의 출판정신에 동참하는 회원(Associate Member)입니다.

나, _____은

주님의 것입니다.